AF452922

# ESSAI

## SUR

# LA DÉTERMINATION

### DES

## BASES PHYSICO-MATHÉMATIQUES

## DE L'ART MUSICAL;

Par G. M. RAYMOND, de la Société Philotechnique de Paris, de l'Académie Impériale des Sciences, Lettres et Arts de Turin; Associé honoraire de l'Académie des Philarmoniques de Bologne; de la Société pour l'avancement des Arts de Genève; des Académies de Dijon, de Nismes, de Lyon, de Grenoble, de Soissons, etc.; ancien Professeur d'Histoire, actuellement Professeur de Mathématiques et de Physique.

---

*Harmoniæ criteria, duo quidem sunt, Auditus et Ratio; sed alio atque alio modo. Quippe Auditus secundum Materiam et Passionem (judicat); Ratio, secundum Formam et (Passionis) Causam. Cl. Ptolem. Harmonicorum Lib.; l. I, c. I. (Vers. J. Wallis.)*

## PARIS,

Chez Madame veuve COURCIER, Imprimeur-Libraire, quai des Augustins, n° 57.

1813.

# AVANT-PROPOS.

P**endant** que je remarquais, en commençant cet Écrit, de combien d'essais et de travaux multipliés la Musique était devenue l'objet depuis quelque tems, la Classe des Beaux-Arts de l'Institut était également frappée de la diversité des recherches et des tentatives appliquées à ce bel Art dont elle surveille et encourage les progrès : la même observation s'est trouvée consignée au même instant dans l'intéressant Rapport de M. le Secrétaire perpétuel de cette Classe pour 1811. Si j'ignorais, en écrivant l'Opuscule que je publie aujourd'hui, que ma remarque eût déjà été faite dans son sein, je m'attendais moins encore à l'honorable mention qu'elle a bien voulu faire, dans le même Rapport, de mes écrits antérieurs sur la Musique et sur la Peinture. Je dois saisir l'occasion que je trouve ici de témoigner combien j'ai été flatté de son suffrage et d'une distinction qui, pour être sans doute en partie le fruit de son indulgence, n'est pas moins pour moi le plus agréable succès que je pusse attendre de quelques observations inspirées par un sincère amour des Beaux-Arts (1).

Le Mémoire que je donne maintenant n'a pour but que d'ajouter un peu plus de développement à un aperçu inséré dans ma *Lettre à M. Villoteau*, et d'appeler l'attention des Théoriciens sur une question qui me paraît d'un grand intérêt. Je n'ai point eu l'intention d'approfondir cette matière : le titre de mon Mémoire l'indique suffisamment; j'ai eu au contraire pour objet principal de dépouiller mes observations de toute théorie scientifique, et d'en rendre la lecture convenable à toutes sortes de lecteurs : on ne pouvait se tromper sur mes vues; et, sous ce rapport, je crois en avoir dit assez pour poser avec clarté l'état de la question que je propose.

Après avoir résumé, dans ce petit Ouvrage, les travaux les plus récens sur la Musique, et publiant moi-même quelques légères recherches sur cet Art, je me suis demandé si la Musique valait la peine qu'on s'en occupât de tant de manières; ce qui me conduisait directement à traiter la question de l'importance de l'Art Mu-

---

(1) Je ne répéterai pas ici l'honorable jugement dont il s'agit; les savans Auteurs du *Dictionnaire historique des Musiciens* ont bien voulu le recueillir et le confirmer.

sicul. Mais en y réfléchissant un peu, je n'ai pas cru la chose bien nécessaire, et j'aurais craint de ne faire que répéter à ce sujet ce que d'autres avaient déjà dit avant moi et bien mieux que je n'aurais pu le faire.

J'avais cependant une occasion toute naturelle d'entamer cette matière. Ma *Lettre à M. Villoteau* venait de donner lieu à quelques Articles de journaux où l'on renouvelait contre la Musique l'accusation formelle de frivolité, en jetant même quelque peu de ridicule sur les amis de l'Art qui supposent la Musique bonne à quelque chose, et qui osent croire à son influence morale. Un critique judicieux et plein de goût m'a surtout étonné par son opinion et par la manière dont il l'a émise. S'il s'est trompé , comme j'ose le croire, sur le fond de la question, il s'est bien plus mépris encore sur l'objet de ma *Lettre*, dont il me paraît n'avoir pas même entrevu la pensée fondamentale.

Il m'a pris pour un de ces théoriciens qui veulent de la science partout, et qui jugent par A plus B les productions des Beaux-Arts. Or je suis l'un des ennemis les plus déclarés de ce genre d'abus : je professe en Musique des opinions directement contraires, que j'ai manifestées dès le commencement de mon Livre jusqu'à la fin.

Je ne puis m'empêcher de remarquer ici une sorte de fatalité bizarre qui semble me poursuivre. Il m'arrive précisément aujourd'hui ce qui eut lieu lors de la publication de mon *Essai sur l'Émulation*. Un journaliste me confondant avec les sophistes qu'il accusait de vouloir renverser toutes les institutions sociales, partit de là pour opposer à ces sophistes et à moi tous les mêmes argumens que j'avais employés à combattre des erreurs graves, d'un bout de mon Ouvrage à l'autre; cela ressemblait à une véritable plaisanterie. Dans le même tems, le *Journal des Débats*, aujourd'hui *Journal de l'Empire*, qui s'était rendu un compte plus juste des vues de l'auteur, s'exprimait bien autrement là-dessus :

« M. Raymond prouve, par le talent avec lequel
» il a traité son sujet, combien il serait injuste
» de le ranger dans la classe des littérateurs mé-
» diocres, *et par le système qu'il embrasse, com-*
» *bien il est étranger à celle des sophistes......*
» Il ébranle d'une main ferme le trône sur lequel
» il ( J.-J. Rousseau ) est assis ; il renverse,
» avec une logique très-solide, tout cet échafau-
» dage de mauvais raisonnemens, de sophismes
» capticux, etc. » ( *Journal des Débats*, 28 flo-
réal an X ). Si je rapporte ce passage, que je ne devrais pas citer, à cause des éloges qu'il renferme, c'est seulement pour rendre plus sen-

sible l'étrange méprise où l'on était tombé d'autre part, comme dans la circonstance actuelle, sur la nature de mes principes.

L'Abbé Roussier, dit le critique, a déraisonné longuement sur la Musique des anciens ; or j'ai attaqué tous les paradoxes de l'Abbé Roussier. Le critique oppose le succès des œuvres de Grétry aux Théoriciens qui ne parlent que de science ; je l'ai opposé moi-même en m'élevant également contre les vains systèmes. Je suis l'un des plus sincères admirateurs de ce grand Artiste : nul ne met plus que moi son genre au-dessus de toutes les musiques prétendues savantes dont on nous fatigue et sur lesquelles je me suis assez clairement expliqué ; je ne vois pas même ce qu'il me resterait à dire là-dessus. La manière dont j'ai parlé, en cent endroits, du charme que je trouve aux heureuses compositions de Grétry, est la meilleure réponse que je pourrais faire au critique : j'ai lieu de croire qu'il n'en contesterait pas la validité.

« Encore quelques années, dit-il, et si cela » continue, on n'osera plus dire son avis sur » un concert, à moins de posséder à fond cette » branche de la Physique appelée l'*Acoustique*. » Le critique semble confondre la théorie philosophique de l'Art avec la science pratique des Compositeurs. Quoique j'aie beaucoup parlé d'Acoustique, et d'ailleurs principalement dans les notes, ce n'est point à propos de concert. Je ne crois point qu'il faille nécessairement connaître l'Acoustique, pour porter un jugement sur le mérite d'une musique quelconque : je me suis surtout attaché à dire et à prouver qu'en matière de sentiment, les appareils scientifiques sont au moins inutiles, s'ils ne sont toujours dangereux ; je suis allé bien plus loin à ce sujet, mais il n'est pas besoin de me répéter ici, mes opinions sont sous les yeux du public. Il est vrai que, d'un autre côté, je pense qu'on ne peut entreprendre de prononcer *sur les fondemens* d'un Art, et d'en soumettre les bases au raisonnement, si l'on en ignore jusqu'aux élémens, qu'on ne sache point en quoi cet Art procède de la nature, et si l'on néglige d'étudier celle-ci.

Je sais bien que toute la science qu'on peut acquérir dans la théorie et dans l'histoire de l'Art, ne peut faire trouver une seule phrase de beau chant : aussi n'est-ce pas là l'objet de ce genre d'études ; nul théoricien, que je sache, se livrant à la physique de l'Art, ou à des recherches d'érudition, n'a prétendu enseigner ainsi ce qui ne s'apprend pas, et donner les produits de son travail pour des leçons de génie et de goût. Il me paraît que, pour parler d'un Art avec quelque justesse, il faut soigneusement éviter d'en confondre les diverses parties. Quant aux recherches qui concernent les bases de l'Art Musical, s'il est reconnu que celles-ci ne soient pas encore déterminées, il n'est pas bien déraisonnable de s'en occuper.

Si le demi-savoir a surchargé les arts de détails et de formules dont ils n'ont que faire, si c'est la fausse science qui a enfanté tous les abus dont on se plaint, c'est à la science véritable à faire justice des uns et des autres et à nous ramener à la nature et au sentiment, à nous faire retrouver cette belle et admirable simplicité que le critique et moi réclamons avec tant de raison. Toute ma théorie, à moi, aurait pour objet de faire voir que quand on se jette avec excès dans des recherches abstraites et superflues, c'est lorsqu'on a méconnu les véritables indications de la nature, et qu'une connaissance réelle et approfondie de l'Art et de ses rapports avec la nature, nous reporterait nécessairement aux véritables sources du beau. J'oserais me croire en mesure de faire entrevoir cette vérité relativement à la Musique. Après tout, comment un Art quelconque aurait-il à redouter la vraie science ? elle ne serait plus telle, si elle pouvait égarer.

Celles de mes idées qui sont ce que le critique appelle *à la portée des profanes*, lui ont paru *très-saines et généralement exprimées avec force.*

*et clarté.* J'ai lieu de me féliciter d'avoir obtenu, dans quelques discussions littéraires d'une assez grande importance, l'assentiment de plusieurs juges éclairés, et en particulier, du critique lui-même, dont le suffrage est fait pour m'honorer Mais, quant à l'*érudition* et aux *vastes connaissances musicales* qu'il veut bien m'attribuer, ainsi qu'à M. Villoteau, je suis bien éloigné d'y prétendre pour ma part : je serais plus jaloux de quelque justesse dans les vues morales et philosophiques ; et puisque le critique a trouvé cette justesse dans les parties qu'il reconnaît de sa compétence, il semble qu'une indulgente analogie devait dicter un jugement pareil sur le reste.

Pour ce qui regarde mes observations relatives à la musique religieuse, elles ont *peu arrété* le critique ; il dit que mes vues sur cet objet sont *saines et bien exprimées*, mais *qu'elles ne sont pas neuves* : il m'aurait fait plaisir de me faire connaître dans quel écrit antérieur et à quel propos on a publié précisément les mêmes raisons et les mêmes développemens que j'ai donnés sur cette intéressante matière, au-dessous de laquelle je suis sans doute resté de beaucoup, ayant écrit tous mes opuscules d'abondance, d'un seul jet et sans aucun secours. A quoi j'ajoute qu'une partie de mes observations n'est autre chose que la réponse directe aux objections qui m'ont été faites, et qu'alors je n'étais pas le maître de ne dire que des choses nouvelles. Le critique a encore eu le bonheur de retrouver ici les Chinois et les Grecs, dont l'exemple lui avait paru ailleurs si fort hors de propos ; et il n'a pas laissé échapper une si belle occasion d'égayer de nouveau ses lecteurs. Mais il me semble qu'il a un peu étendu le privilége qu'ont les journalistes de rendre leurs articles piquans, pour atteindre au grand but de se faire lire avec intérêt ; car j'ai parlé, il est vrai, des Chinois, dans mon Mémoire sur la Musique des Églises ; mais c'est dans une note qui n'a aucun rapport à la musique religieuse. S'il était permis de faire de tels rapprochemens entre le titre d'un écrit et chacun des objets qui peuvent y être nommés de manière ou d'autre, je ne vois pas trop où serait le livre, quelque parfait qu'on l'imagine, qui pourrait échapper à ce genre de plaisanterie.

En répétant ce que j'avais déjà dit moi-même sur l'étrange abus que les harmonistes actuels font des ressources de leur Art, et sur une révolution devenue inévitable par l'excès du désordre qui nous ramenera à la simplicité, on a dit qu'il ne fallait pas traiter trop sérieusement une matière qui avait un côté si ridicule. Mais où est ici le ridicule ? Qu'il y en ait, si l'on veut, dans le fait de quelques Artistes, qu'est-ce que cela fait à la cause de l'Art ? Est-ce la Musique qui a un côté ridicule ? A ce compte-là, chaque art a le sien. Lorsque les Vanloo et les Boucher firent régner dans la Peinture l'excès du mauvais goût, le mépris de la nature et de l'antique et l'oubli de tous les principes, fallait-il conseiller aux philosophes amis de l'Art, de ne point traiter sérieusement ses intérêts, par la raison que la Peinture avait alors son côté ridicule ? La Poésie n'avait-elle pas le sien, lorsque Dorat et son école mirent à la mode les vers musqués, le papillotage, la poésie des ruelles, et tout le vain jargon du faux bel esprit ? C'eût donc été aussi une entreprise insensée, que celle de vouloir ramener, dans ces époques malheureuses, les peintres et les poètes au sentiment du vrai beau, aux maximes d'un goût plus pur, ou tout au moins au sens commun ? Eh quoi ! la dignité d'un Art dépend-elle donc de la fantaisie des Artistes ? Parce qu'il y a des musiciens qui n'aiment que le bruit, des poètes sans verve et sans génie, des peintres à sentiment dépravé, il en faudra conclure que la Poésie, la Peinture et la Musique sont des Arts ridicules ! Si quelques Artistes se déshonorent ou corrompent le goût du public, il faudra contester à l'Art son mérite et sa puissance ! Si quelques hommes égarés par de faux systèmes, apprêtent à rire sur leurs vains efforts, il ne sera plus permis de s'occuper sérieusement de l'Art qu'ils dégradent ou qu'ils méconnaissent !

On m'a un peu raillé, comme je l'ai dit, d'avoir cité les Grecs, les Égyptiens et les Chinois, et l'on s'est diverti à ce sujet sur la manie vraiment digne de risée de chercher souvent trop loin des modèles que l'on a plus près de soi. C'est fort bien fait à un Journaliste d'amuser ses lecteurs, quand il le peut, et quand les Ouvrages dont il rend compte lui en fournissent l'heureuse occasion. Mais, si j'ai parlé des Grecs et des Chinois, ce n'est point à propos de la partie technique de l'Art, comme le critique paraît le croire, mais au sujet de la partie morale. Or ce n'est pas ma faute, si les modèles en ce genre sont si éloignés de nous. Nos voyageurs modernes, dit-on, ne parlent pas de ces belles institutions morales citées par le P. Amiot. Je n'examinerai point la question si nos voyageurs modernes sont plus véridiques ou meilleurs observateurs que les bons et savans missionnaires de l'Orient ; mais il me semble que mes raisonnemens sur l'importance de diriger l'influence morale des Arts qui agissent puissamment sur les hommes, ne perdraient rien de leur force, quand la musique des Chinois serait aussi détestable pour nous qu'on nous l'assure, pourvu qu'elle ne soit point telle pour eux; quand on mettrait, si l'on veut, tout autre peuple à la place des Chinois ou des Grecs, ou même quand les institutions attribuées à ces peuples ne seraient que fictives et devraient être prises pour de simples apologues.

Les faiseurs de systèmes, a-t-on dit, partent toujours d'un faux principe, lorsqu'ils ont l'air de vouloir nous ramener aux lois et aux usages de certaines nations de l'antiquité. Je n'ai point fait de systèmes pour mon compte, et je combats l'esprit de système toutes les fois que j'en trouve l'occasion. Je savais depuis long-tems quel est le vice du raisonnement qui consiste à vouloir appliquer, sous un rapport absolu, les institutions, les lois et les usages d'un peuple à un autre peuple, sans égard aux différences de tems, de mœurs, de climat, de caractères et de mille autres circonstances dont il faut tenir compte. Mais je n'avais pas songé à mettre les Beaux-Arts au rang des usages, et je croyais qu'en matière de sentiment la nature était à peu près uniforme; malgré la diversité des goûts, j'ai toujours pensé qu'il y avait un beau universel de tous les tems et de tous les lieux, et je n'imaginais pas qu'on pût changer de principes en poésie, en peinture, en musique, comme on

change de forme dans les vêtemens. Personne ,
que je sache, ne s'est avisé de dire qu'une statue ,
belle aux yeux des Grecs , ne dût pas être telle
aux yeux des Français. Que les lois de Sparte ou
même d'Athènes , ne puissent nous convenir ,
j'en suis bien d'accord, et je dis volontiers avec
les critiques qu'en fait de lois, nous savons ce
que valent de semblables essais ; mais l'Iliade et
le Laocoon n'en sont pas moins pour nous des
chefs-d'œuvre ; et il n'est pas tout-à-fait aussi
déraisonnable à nos Artistes de s'attacher à ces
inimitables modèles , qu'à nos législateurs du dernier siècle, de copier les Lycurgue et les Solon.

Peut-être m'arrêtera-t-on ici pour m'opposer
la distinction que j'ai moi-même établie entre la
Musique d'une part, et la Poésie et les Arts du
Dessin de l'autre, lorsque j'ai indiqué les fondemens universellement reconnus de ceux-ci, et
l'ignorance où nous sommes encore des vraies
bases de celle-là. Mais que la Musique n'ait pas de
fondemens consacrés dans nos doctrines, cela
ne veut pas dire qu'elle n'en ait réellement point
dans la nature ; du moins je puis le contester ,
et l'on m'avouera que jusqu'ici la chose n'est pas
démontrée. Aussi ai-je pensé que la recherche
de ces fondemens était d'une haute importance.
L'étude de l'Art chez les anciens, loin de s'écarter de cet objet, s'y rattacherait, ce me semble,

de très-près, si l'histoire pouvait nous fournir à ce sujet des documens moins incertains, moins incomplets et moins obscurs que ceux qui nous restent. La Musique est aussi ancienne que la Poésie, ou plutôt elle se confond avec elle dans une origine commune; les mêmes peuples qui sont nos maîtres éternels en poésie, le seraient sans doute aussi en musique, si les monumens de ce dernier Art avaient pu se fixer également et se transmettre jusqu'à nous. Il est à croire que les hommes qui savaient trouver, pour s'exprimer, un langage si beau, ont su lui donner aussi la couleur qui lui convenait, et qu'ayant établi les principes immuables des Beaux-Arts, c'est d'eux que nous aurions pu apprendre à connaître ceux de la Musique, si elle en a pour sa part. Il est donc tout au moins douteux que ce fût, pour nos oreilles, une si mauvaise fortune, que de retrouver les chants qui embellissaient les vers d'Homère et de Pindare.

Mais je ne prends pas garde que cette matière pourrait m'entraîner loin; et déjà je suis tombé, sans m'en apercevoir, dans le ridicule si souvent blâmé par La Harpe, celui d'une longue Préface à la tête d'un petit livre. Il est donc plus que tems de finir; et je dois d'ailleurs renoncer à une discussion que je craindrais de laisser trop imparfaite.

# ESSAI

### SUR

## LA DÉTERMINATION

### DES BASES PHYSICO-MATHÉMATIQUES

## DE L'ART MUSICAL.

Je me propose, dans ce Mémoire, de rechercher si les nouvelles découvertes de l'Acoustique peuvent fournir quelques lumières sur les bases naturelles de la Musique envisagée dans ses élémens matériels. Je parcourrai d'abord les faits principaux, et j'examinerai ensuite ces faits dans leurs rapports avec l'Art Musical.

## PREMIÈRE PARTIE.

### *Exposé des Faits.*

Il paraît y avoir dans l'histoire des Arts et des Sciences, certaines époques remarquables où un grand nombre d'esprits, poussés à la fois par je ne sais quel instinct secret, se livrent presque en même tems à de nouvelles recherches, et font des efforts variés qui semblent présager une révolution, ou qui du moins annoncent un nouvel examen de la théorie, une nouvelle revue de ses fondemens. Si l'on n'avait pas à craindre que des vues inattendues ne fournissent tout simplement qu'un aliment de plus à l'esprit de système, ce coup d'œil d'une sage philosophie éclairée par les découvertes des sciences naturelles, annoncerait infailliblement quelques résultats heureux; il serait propre à faire apprécier certains principes admis sur parole d'une génération à l'autre, et n'ayant quelquefois d'autre base que l'espèce de vénération qu'inspire leur ancienneté, ou seulement l'empire de l'habitude. Quoi qu'il en soit, il est rare cependant que cette variété de recherches reste absolument sans fruits ; et ne vît-on d'abord éclore de toutes parts que des systèmes plus ou moins ingénieux, désavoués, si l'on veut, par la nature ou par la saine raison, leur diversité même est une source de lumières que l'observateur instruit et libre de préjugés peut en tirer au profit des véritables intérêts de la science.

Je croirais volontiers que nous sommes arrivés à l'une de ces époques dans l'étude philosophique de l'Art Musical. Toutes les branches de cet Art deviennent tour-à-tour, depuis quelque tems, l'objet des travaux d'un grand nombre d'écrivains et d'artistes.

M. Villoteau a recherché les élémens naturels et primitifs de la Musique, qu'il a cru trouver dans les sons de la voix humaine. Après avoir publié ses *Recherches sur l'analogie de la Musique avec les arts qui ont pour objet l'imitation du langage*, il a exposé, dans un Mémoire, le sommaire des vues qu'il se propose de développer plus au long dans un ouvrage très-étendu qu'il ne tardera pas de mettre au jour.

M. Angeloni s'occupe d'un travail sur les sons de la langue italienne, qui vraisemblablement aura beaucoup d'analogie avec le système de M. Villoteau, à en juger par son livre récent sur *Guido* l'Arétin (1).

M. Chrétien a achevé, peu avant sa mort, une théorie intitulée, *La Musique étudiée comme science naturelle certaine et comme art*, etc.

Les nouvelles découvertes acoustiques de M. Chladni, dans les divers genres de vibrations des corps sonores, appellent l'attention des théoriciens, qui ne manqueront pas d'y trouver des données précieuses sur les élémens physiques de l'Art Musical.

---

(1) *Sopra la vita, le Opere ed il sapere di* Guido d'Arezzo, *etc.*

M. de la Salette a proposé une nouvelle Sténographie musicale ; il a publié en outre des *Considérations* critiques *sur les divers systèmes de la Musique ancienne et moderne.*

Je connais un autre amateur qui se livre depuis un grand nombre d'années à des recherches très-étendues, et qui prépare une histoire et un traité du Contre-point, où il soumettra à un nouvel examen toutes les théories exposées jusqu'ici.

Plusieurs parties distinctes de l'Art ont eu récemment leurs observateurs, leurs historiens, leurs écrivains didactiques. M. Framery a analysé les rapports réciproques de la Musique et de la déclamation ; le même auteur a publié une Notice sur le célèbre Haydn. M. Lebreton a donné également une autre excellente Notice sur le même Compositeur. On doit à M. Kalkbrenner une nouvelle histoire de l'Art. M. Brack a traduit de l'anglais le Voyage Musical du docteur Burney. M. Choron a publié les Principes de Composition des Écoles d'Italie ; il travaille à une nouvelle histoire de l'Art, plus complète que toutes celles qui ont paru jusqu'ici, et qui, à en juger par les connaissances de l'auteur, sera l'un des articles les plus importans de la Bibliographie musicale. M. Fayolle a donné une Notice sur Corelli, Tartini, Gaviniès, Pugnani et Viotti. MM. Choron et Fayolle ont publié le Dictionnaire des Musiciens, Artistes, Amateurs, etc. M. Choron a encore donné une Nouvelle Méthode de Musique et de Plain-Chant, où il propose quelques réformes utiles dans le vocabulaire de l'Art. M. Garaudé a publié une *Nouvelle Méthode de Chant*. MM. Momigny et Emy de l'Ilette ont exposé leurs Théories musicales. Le célèbre Grétry, à la suite d'une longue et belle carrière, prépare sur son Art un nouveau travail, recommandé d'avance par le mérite de ses *Essais* et par ses ouvrages immortels. M. Villoteau, déjà cité, a publié un savant tableau de l'état actuel de la Musique en Orient, et principalement en Égypte.

Il a complété ce beau travail, en y ajoutant une Dissertation sur les Instrumens de Musique des antiques sculptures de l'Égypte, et une Description historique, technique et littéraire des Instrumens des Orientaux. Ce monument d'une haute importance, élevé à la gloire de l'Art par M. Villoteau, ne contribuera pas peu à venger la France du reproche de pauvreté qu'on lui a fait jusqu'ici dans la partie littéraire de l'Art et les matières d'érudition musicale.

Citerons-nous maintenant le Cours de *Sens-Sonologie* de M. Colomb, qui a fait si plaisamment desirer à un journaliste qu'il s'ouvrît bientôt

quelque part un Cours de *Sens-Communologie*?
Parlerons-nous des fragmens sur la Musique de
M. le Comte d'Escherni ? etc., etc. Il n'y a pas
jusqu'à M. Pestalozzi qui n'ait voulu appliquer
aussi sa méthode à l'étude de l'Art Musical.
Enfin, pour que rien ne manquât à l'histoire
et à la gloire de cet Art, la Musique a trouvé
un chantre comme la Peinture avait les siens :
les Muses, ses sœurs, ont voulu partager avec
elle leurs couronnes, et lui faire une fois à son
tour, les honneurs du Parnasse, en y célébrant
sa noble et antique origine, ses prodiges, ses
richesses, ses charmes et ses bienfaits.

Voilà bien des travaux dans un très-court
période de tems. Il ne m'appartient point de
parler, à la suite de tout cela, de quelques
faibles écrits qui, quoique honorés de l'attention
et de l'indulgence du public, n'obtiendraient
point ici de moi-même une mention quelconque,
s'ils n'avaient fait naître des recherches intéressantes sur la Musique des Hébreux, par l'un des
savans collaborateurs du Journal Encyclopédique, et s'ils ne présentaient, à ce que je crois,
quelques aperçus très-importans sur les bases
physiques de l'Art Musical, aperçus qui seraient
susceptibles d'un développement avantageux, et
qui pourraient conduire à l'application des nouvelles découvertes de l'Acoustique employées à

déterminer les véritables principes de l'Art (1).

Le même esprit de recherche qui a lieu dans les théories musicales, semble se manifester à l'égard du mécanisme des Instrumens, et chaque année en voit éclore de nouveaux. Nous avons vu paraître successivement le *Pan-harmonicon* de M. Maëlzels, le *Piano-harmonica* de M. Schmidt, le *Clavi-cylindre* de M. Chladni, l'*Orchestrino* de M. Pouleau, le *Pan-mélodion*, le *Pan-harmoni-metallico*, l'*Organo - lyricon ;* sans parler des *Pianos* perfectionnés par les frères Erard et par M. Lemoyne, de l'*Orgue* de M. Grénié, de la *Basse* et de la *Contre-basse guerrières* de M. Dumas, de la *Trombe* de M. Frichot, du *Phon-organon* de M. Robertson, de l'*Harmoni-corde* de M. Kauffmann, etc. Comme tous ces Instru-

---

(1) Au nombre des efforts employés de divers côtés à l'avantage de la Musique, oserai-je rappeler les raisons que j'ai publiées le premier pour montrer l'importance du rétablissement des Maîtrises de Chapelle dans les Cathédrales de France ? Ce serait, je pense, bien servir l'Art, que d'en ressusciter l'une des premières branches qui n'est que trop menacée d'une ruine complète, ou tout au moins d'une grande et prochaine dégénération. M. Choron n'a pas fait une chose moins utile, en plaidant la cause du rétablissement du Chant de l'Eglise de Rome, par des considérations très-judicieuses, dans un Mémoire imprimé à la suite de ma Lettre a M. Villoteau.

mens ont sans contredit pour objet le plaisir de nos oreilles, il serait à desirer, pour le dire en passant, que quelques-uns des inventeurs eussent aussi consulté les règles de l'euphonie dans la création de ces noms nouveaux : on croit avec peine à l'harmonie d'un Instrument dont le nom en est dépourvu.

La Musique est-elle un art frivole, indigne de toutes ces recherches ? On le pense ainsi dans le monde. Mais il nous sied assez mal, à ce qu'il me semble, de mépriser un Art qui a été si fort considéré par les nations les plus graves, et que les plus grands philosophes n'ont pas dédaigné de cultiver ; un Art qui a été mis au premier rang chez les peuples les plus savans et les plus spirituels de l'antiquité, qui non-seulement sont nos premiers maîtres dans les arts et les lettres, mais qui resteront éternellement les créateurs inimitables du vrai beau dans les conceptions humaines. On peut, je crois, sans se déshonorer, s'occuper d'objets qui ont obtenu toute l'attention des Pythagore et des Platon, des législateurs de l'Égypte, de Sparte et d'Athènes.

Que la Musique puisse être d'une haute importance dans ses rapports avec les mœurs, c'est ce que je n'entreprendrai point de démontrer ; je me contenterai de renvoyer le lecteur aux belles

pages de l'auteur d'Anacharsis (1), et je rappellerai en passant ces réflexions de M. de la Salette : « Si la Musique, dit-il, est la langue
» du sentiment ; si elle est propre à suspendre
» le cours des passions, en captivant notre at-
» tention par l'attrait qu'elle inspire ; si elle peut
» habituer l'ame à cette douce sérénité qui la
» dispose à toutes les vertus, cette langue mérite
» sans doute d'être cultivée de même que les
» langues de la pensée. Cette réflexion déjà faite
» depuis long-tems par des hommes d'un grand
» poids, n'a jamais néanmoins été mise à exé-
» cution......... Il est tems de restituer à la
» Musique la part qu'elle prend dans nos plaisirs
» et surtout à nos mœurs (2). »

J'ai déjà publié, dans un petit Mémoire, quelques vues rapides sur l'objet dont je vais m'occuper (3) ; je reproduirai ici des considé-

---

(1) *Voyage du jeune Anacharsis*, chap. 27, second Entretien.

(2) *Considérations sur les divers systèmes de la Musique ancienne et moderne*, etc. Tome I, pages 200 et suiv.

(3) Voyez les *Annales de Mathématiques pures et appliquées*, tome I, pages 65 et suiv. Voyez aussi ma *Lettre à M. Villoteau*, où j'ai inséré les mêmes considérations dans une Note à la fin de la Lettre.

rations majeures que je n'ai fait qu'indiquer, et j'en présenterai quelques autres dont je n'ai rien dit. Je me trouverai quelquefois dans la nécessité de me répéter, mais il importe à mon objet de réunir ici dans un ensemble commun toutes les vues qui s'y rattachent.

On a souvent accusé d'inutilité les recherches spéculatives des observateurs dans certaines branches de l'étude de la nature, comme si une vérité quelconque ne tenait pas nécessairement, par quelque côté, au système général des lois qui régissent le monde. Qu'un fait nouveau paraisse d'abord isolé; qu'on ne voie pas tout de suite comment il entre dans l'ensemble des lois de la nature, et comment il peut conduire à d'autres vérités immédiatement utiles, ou servir de clef à l'explication d'autres phénomènes importans, s'ensuit-il infailliblement qu'il ne soit bon à rien ? Les bornes de notre vue sont-elles celles de la science ? Il est assez rare que les inventeurs, dans un genre quelconque de recherches, aient entrevu eux-mêmes toutes les conséquences de leurs découvertes. La science est-elle autre chose qu'un recueil de faits convenablement ordonnés d'après la liaison qui s'est manifestée entr'eux par le secours de l'expérience, de l'observation et de la méditation ? On ne saurait donc trop recueillir de faits, et il faut bien se garder d'en dédaigner un seul ; car c'est celui-là peut-être qui contient le germe de la théorie et le mot de l'énigme.

Nous pouvons appliquer ces réflexions aux découvertes que les modernes ont faites dans l'Acoustique, lesquelles auront vraisemblablement la plus grande influence sur la détermination des élémens physico-mathématiques de l'Art Musical, qui n'ont présenté jusqu'ici que la plus grande incertitude.

Des érudits qui ont fait de grandes recherches sur la Musique des anciens, ont pensé qu'il a existé un Système de Musique commun à tous les peuples de l'antiquité ; que ce système était uniquement fondé sur la progression triple, et sur l'identité des octaves, c'est-à-dire, sur le *sacré quaternaire* 1, 2, 3, 4, qui donne 1 et 2, rapport de l'octave ; 1 et 3, rapport de la douzième ; 2 et 3, rapport de la quinte ; 3 et 4, rapport de la quarte ; 1 et 4, rapport de la double octave ; d'où il s'ensuivrait que l'Échelle diatonique des sons, déduite de ce principe, n'aurait contenu qu'une seule espèce de ton dans le rapport de 8 à 9, une tierce majeure dans le rapport de 64 à 81, et une tierce mineure dans celui de 27 à 32 ; ce qui aurait nécessairement exclu les tierces et les sixtes du nombre des consonnances. La Règle ou *Canon harmonique* des

Grecs semblerait confirmer ces résultats par la nature des nombres assignés à chaque son provenant de la section de ce Canon, comme on peut le voir dans les *Auctores septem* de Meibomius. Un tel système musical ne saurait admettre une *harmonie* dans le sens que nous attachons aujourd'hui à ce mot; et tel est en effet le sentiment des écrivains dont il s'agit, relativement à la Musique des anciens. Selon eux, ce système était celui de Pythagore; et les modifications introduites par Didyme et Ptolémée, ne furent que des erreurs qui, répétées ensuite par Zarlin, se sont propagées jusqu'à nous, comme de prétendus principes liés au système musical des anciens Grecs.

Ptolémée substitua dans le Diatonique-intense, le rapport de 4 à 5 pour la tierce majeure, à celui de 64 à 81, et rendit ainsi cet intervalle conforme aux résultats des expériences modernes d'Acoustique; ce qui introduisit le ton mineur dans le rapport de 9 à 10, et un semi-ton dans celui de 15 à 16, au lieu du rapport de 243 à 256, donné par le Canon d'Aristide-Quintilien.

D'autres savans assurent qu'en cela Ptolémée ne fit que rétablir les véritables principes du système primitif des Grecs. L'Abbé Feytou regarde le Tétracorde de Mercure *si, ut, re, mi*, comme le produit de la basse fondamentale *ut*, *ut*, *sol*, *ut*, dont les sons exprimés par les nombres respectifs des vibrations, correspondent aux quatre premières divisions du Monocorde 1, 2, 3, 4, qui sont aussi les quatre premiers produits de la génération harmonique, ainsi qu'il sera expliqué plus bas (1). Ce savant observe que les autres tétracordes ajoutés à l'aigu, furent absolument semblables au premier, mais que, dans la suite, les Musiciens voulant, d'une part, s'accommoder aux caprices du peuple et au goût déchu de son ancienne simplicité, et cherchant à tromper, d'un autre côté, l'œil des magistrats qui veillaient sur toutes les institutions capables de modifier les mœurs, laissèrent subsister l'intervalle des deux cordes extrêmes de chaque Tétracorde, et ne changèrent que celui des cordes intermédiaires ; de là les cordes *stables* et les cordes *mobiles*, d'où naquirent les trois Genres de la Musique grecque, le Diatonique, le chromatique et l'enharmonique.

M. Serre, de Genève, soupçonne que le *septième son* de l'harmonie naturelle, le septième son de la gamme naturelle du Cor et de la Trompette, pourrait bien être le fondement du genre enharmonique des Grecs ; ce qui rentrerait dans le système de l'Abbé Feytou.

----

(1) Voyez là-dessus la Note de la page 15 de ma *Lettre à M. Villoteau.*

Un autre écrivain plus récent assure que le Diagramme des Grecs était précisément composé des intervalles de l'Échelle moderne; que les degrés en étaient absolument les mêmes, et établis sur les mêmes proportions; qu'ainsi les intonations des Grecs ne différaient en aucune manière des nôtres; qu'ils connaissaient ce qu'on appelle le principe de la Résonnance, et qu'il n'est pas raisonnable de leur refuser l'usage de l'harmonie simultanée. Il pense que les sons et les intervalles ne résultent pas de tel ou tel système de Musique, mais qu'ils dépendent uniquement de la nature qui les a fixés dans nos organes d'une manière uniforme. Il affirme que les tons et les demi-tons sont aussi immuables que les autres productions naturelles; que la Musique est une dans tous les tems et dans tous les lieux, et qu'il ne peut y avoir de différence entre les musiques de différens peuples, que dans les diverses manières de combiner les mêmes sons et les mêmes intervalles élémentaires. Cet Auteur n'admet en aucune manière, en Musique, le principe des rapports; Aristoxénien déterminé, c'est dans l'oreille seule des Musiciens qu'il assigne le fondement et la justesse des intervalles. Selon lui, la quinte et la quarte réunies passent les limites de l'octave; et la nature a destiné la quarte et l'octave à modérer la quinte; il propose l'accord

des Instrumens à touches par quartes successives,
ce qui amène, dit-il, la juste distribution de
l'octave en douze semi-tons égaux, seule base
légitime d'un bon système musical; et ainsi le
tempérament, dans toute sa latitude, devient
une loi fondamentale de la Musique, qui ne peut
admettre la distinction spécieuse, fausse et inu-
tile entre le dièse d'une note et le bémol de la
note suivante. La quarte était, à son avis, le
principe régulateur et primitif de toute la Musique des anciens; il en croit retrouver les ves-
tiges dans l'accord par quarte de quelques Instrumens, tels que la Guitare, dont le système
est établi sur la Proslambanomène des Grecs,
et qui ne serait autre chose que la Lyre.

Voilà quels sont les principaux sentimens sur
les fondemens de la Musique des anciens; d'où
l'on voit que nous ne sommes pas bien avancés
à la suite de tant de recherches, qui n'ont précisément abouti qu'à faire naître des systèmes
diamétralement opposés, entre lesquels l'incertitude ne fait que redoubler, et qui mettent le
lecteur dans l'impossibilité de porter un jugement.
Venons à la Musique des modernes.

Rameau étudiant, comme nous l'avons dit ailleurs, son Art en philosophe, cherchait dans la
nature quelque principe plus satisfaisant que tout
ce qu'il connaissait jusqu'alors. Il fut frappé,

dit-il, de la résonnance des sons harmoniques qu'il observa dans la corde vibrante, phénomène déjà connu avant lui, comme on le voit, par les écrits de Descartes, de Mersenne et de Wallis. On sait que le son fondamental d'une corde vibrante entraîne la résonnance d'une série de sons aigus représentés, quant au nombre des vibrations simultanées, par la suite indéfinie des nombres naturels 1, 2, 3, 4, 5, 6, 7, etc., tels qu'on les obtient en divisant le Monocorde selon cette même suite de parties. Nous allons revenir sur cet intéressant phénomène.

Rameau avait cru trouver dans le fait de la résonnance harmonieuse de la corde vibrante, le fondement de toute la Musique et le germe de toutes ses règles; on sait comment il en a dérivé son fameux système de la *Basse fondamentale*. Rameau, en homme de génie, a su entrevoir une portion de la vérité au travers des données incomplètes qui se sont offertes à son esprit; l'imperfection de son système n'est que l'imperfection de la connaissance des faits; et vraisemblablement il aurait tiré de la génération harmonique mieux connue, les diverses progressions harmoniques indiquées par la nature, comme on en a déduit quelques-unes après lui.

Tartini fit revivre en Italie une expérience déjà

déjà connue en Allemagne et en France (1),
celle de la reproduction du son générateur par
la résonnance simultanée de deux quelconques
de ses produits; expérience qui présentait une
sorte de démonstration réciproque du principe
de la Résonnance, et de laquelle Tartini a dérivé
un système ingénieux.

M. Serre a proposé un système par lequel il
attribue aux Accords reçus en Harmonie, un
fondement double et quelquefois même triple;
c'est-à-dire, que, selon lui, il y a des Accords
qui ont plus d'une basse réellement et physique-
ment fondamentale. Il admet pour base de la
théorie musicale, trois principes différens, qui
sont, celui des Rapports, celui de la Résonnance et
celui de la Réminiscence. Les vues de M. Serre
sur les complications de modulation et sur le
caractère d'indécision que peut prendre fréquem-
ment l'harmonie, principalement dans les Modes
mineurs, ces vues, dis-je, me paraîtraient susceptibles d'un développement propre peut-être

---

(1) Voyez un Ouvrage sur l'accord de l'Orgue et du
Clavecin, de G. A. *Sorge*, imprimé à Hambourg en 1744,
et un Rapport de *Romieu*, fait en 1753 à l'Académie de
Montpellier. Lagrange s'est aussi occupé de ce phénomène
dans ses *Recherches sur le Son*.

2

à concilier notre Harmonie avec les modulations des anciens.

D'autres systèmes analogues, différens ou même opposés entr'eux, ont paru successivement, et l'on a cherché, par une infinité de voies, quels devaient être les élémens primitifs de la Musique.

L'Abbé Feytou me paraît être celui qui a répandu le plus de jour sur cette matière, par une suite d'expériences judicieuses et par les raisonnemens qu'il a employés à en développer et à en appliquer les conséquences. Il part du fait de la résonnance des sons aigus 2,3,4,5,6,7,8, etc. donnée par le son fondamental pris pour unité. On a disputé plus d'une fois sur la légitimité de cette base, quant à son application; on est même allé depuis peu jusqu'à contester la certitude du fait; nous verrons bientôt ce qu'il faut penser sur ces deux points à la fois.

Lorsqu'en 1801 le Conservatoire de Musique de Paris s'occupait d'établir un Système d'Harmonie pour servir à l'enseignement des élèves, M. Catel, l'un des Professeurs de cet Établissement, survint au milieu des débats qui s'étaient élevés sur les véritables fondemens d'un bon système musical, et présenta son *Traité d'Harmonie* qui fut adopté sur-le-champ, et mit fin à toutes les discussions. M. Catel s'appuie sur le même fait que l'Abbé Feytou, c'est-à-dire, sur les premiers produits de la résonnance d'une corde vibrante, ou, ce qui est la même chose, sur les premières divisions du Monocorde. Partant du quart de la corde dont nous appellerons le son fondamental *ut*, et prenant les six degrés consécutifs jusqu'au neuvième de la corde, il en résulte, abstraction faite de la réplique 8 du son fondamental, cet accord *ut, mi, sol, si♭, re,* dans lequel l'auteur substitue le *si♭* au *la* harmonique, c'est-à-dire, au son produit par la septième partie de la corde, et qui est intermédiaire entre le *la* usité et le *si♭*. Cette sorte de tempérament est le même que celui en vertu duquel les premiers Harmonistes prirent pour *fa,* une sorte de *mi** que les lieux retentissans font entendre au-dessus du *sol*, lorsque, par un acte de cadence parfaite, on tombe du *sol* sur l'*ut*. Partant ensuite du huitième de la corde, et laissant les divisions intermédiaires, M. Catel établit ce second accord *ut, mi, sol, si♭, re♭,* qui est le même que le précédent, mais dans le Mode mineur. Ici l'Auteur substitue le *re♭* à une sorte d'*ut** que donne la dix-septième partie de la corde vibrante. Ces deux Accords contiennent tous ceux de l'Harmonie naturelle usités dans la Musique, c'est-à-dire, tous les Accords qui peuvent se faire sans préparation : ce sont l'*Ac-*

*cord parfait majeur*, l'*Accord parfait mineur*, les Accords de *quinte diminuée*, de *septième dominante*, de *septième de sensible*, de *septième diminuée*, de *neuvième majeure dominante*, de *neuvième mineure dominante* et tous leurs renversemens. L'Auteur appelle *Harmonie composée*, tous les autres Accords dans lesquels il entre ce qu'il nomme une *dissonance artificielle*; et il considère celle-ci, ou comme note de passage, ou comme note prolongée. Mais il importe peu pour l'objet de ce Mémoire, que tous les Accords reçus soient rattachés à la génération harmonique, ou que quelques-uns d'entr'eux soient envisagés comme des produits de l'art. Or voilà un résultat remarquable déduit, pour la pratique, relativement à l'Harmonie usitée, du phénomène de la corde vibrante. Mais poursuivons le résumé des faits connus d'Acoustique.

Je m'occupais, en 1809, de quelques recherches dans cette branche intéressante de la Physique, lorsque je reçus, par la voie des journaux, une première idée des découvertes de M. Chladni. Je me hâtai d'en tirer parti; et avant qu'il eût publié son Traité d'Acoustique, qui a paru en novembre 1809, j'avais déjà fait, sous les yeux de mes élèves, la plupart des expériences de ce Physicien sur les diverses espèces de corps sonores à ressort naturel, et je les avais même fait répéter à mes élèves dans un Exercice public de Mathématiques et de Physique donné au mois d'août de la même année.

En recueillant les divers ordres de phénomènes que présentent les différentes espèces de corps sonores, je crus entrevoir qu'on en pourrait inférer quelque conséquence importante touchant les élémens physiques de l'Art Musical; c'est ce que j'indiquai rapidement dans le Mémoire qui fut accueilli par les savans Auteurs des Annales de Mathématiques. Entrons ici dans quelques détails.

On avait confondu jusqu'à M. Chladni tous les corps sonores dans une même catégorie; c'était une erreur grave. On savait bien que l'élasticité, dans les corps quelconques, était une qualité indispensable pour la production comme pour la propagation du son. Mais l'élasticité a pour cause ou un procédé artificiel, tel que la tension ou la compression appliquée à un corps flexible, ou la rigidité interne des corps doués d'un ressort naturel. Or il faut soigneusement distinguer ces deux cas, que la nature ne confond point et qu'elle a soumis à des lois très-différentes.

Si le corps sonore est une corde flexible, cette corde ne devient élastique que par une tension artificielle qui, alongeant la corde aux dépens de sa grosseur, lui donne une élasticité qu'elle n'avait pas auparavant. Dans cette classe de phénomènes sont compris ceux qui concernent les membranes tendues, et qui ne sont autre chose que la même considération appliquée aux deux dimensions. La compression s'exerce sur l'air atmosphérique dans les tuyaux sonores, et, en général, sur tous les fluides compressibles et élastiques.

Le second ordre de phénomènes acoustiques est relatif, en premier lieu, aux corps linéaires qui ont une élasticité naturelle, tels que les verges élastiques, droites ou courbes, les fourches, les anneaux; viennent ensuite les corps étendus en deux sens, qui sont les lames, plaques ou plateaux élastiques, et généralement toutes les surfaces à ressort, planes ou courbes, ce qui comprend les timbres, les cloches, etc. Ces deux dernières espèces de corps n'ont nullement besoin d'être fixés pour produire un son, attendu que leur ressort naturel est une cause constante de vibrations et de résonnance.

Cette seconde branche de l'Acoustique est toute neuve; elle doit déjà beaucoup à quelques savans observateurs, D. Bernoulli, Riccati, Paradisi, et surtout à M. Chladni qui en est, en quelque sorte, le créateur; elle fera sans doute des progrès nouveaux entre les mains des Géomètres appelés par l'Institut à l'attaquer avec toutes les ressources de l'analyse moderne.

Pour donner tout de suite une première idée de la différence du problème des corps flexibles tendus, d'avec celui des corps naturellement élastiques, il nous suffit de comparer les cordes avec les verges élastiques. Dans les premières, le nombre des vibrations est en raison inverse des longueurs, tandis que dans les verges, il est en raison inverse du carré des longueurs. Les profondeurs de la théorie mettent cette différence à découvert d'une autre manière; car le problème des corps non-rigides conduit à une équation différentielle du deuxième ordre, et celui des corps élastiques à une équation du quatrième ordre.

Nous avons déjà dit que le son fondamental d'une corde vibrante non-rigide entraîne la résonnance d'une série d'autres sons plus aigus et plus faibles, dont les degrés respectifs représentés par les nombres de vibrations qui leur correspondent, sont, en y comprenant le son fondamental, comme la suite naturelle des nombres

$$1, 2, 3, 4, 5, 6, 7, 8, 9, \text{ etc.}$$

ou bien par les nombres

$$1, \tfrac{1}{2}, \tfrac{1}{3}, \tfrac{1}{4}, \tfrac{1}{5}, \tfrac{1}{6}, \tfrac{1}{7}, \tfrac{1}{8}, \tfrac{1}{9}, \text{ etc.}$$

Si on les représente par les longueurs des cordes

homogènes et d'égale tension qui rendraient respectivement ces divers sons. On peut isoler chacun de ces sons, en touchant légèrement et successivement chacune des divisions aliquotes de la corde, et continuant à la faire vibrer avec un archet; on obtient ainsi chacun des sons harmoniques tout seul. On connaît le procédé de Sauveur, par le moyen duquel on met en évidence l'immobilité des nœuds et les oscillations des parties de la corde, dont le mouvement est déterminé par tel ou tel ordre de vibrations. Il est très-important de remarquer qu'on ne peut point isoler le son fondamental, dont la résonnance détermine nécessairement celle des sons aigus.

L'Abbé Feytou dit qu'il n'est pas facile de démontrer *à priori* que tous les harmoniques ont une existence simultanée. Il est assez indifférent, pour les conséquences applicables à l'Art Musical, que la coexistence de tous ces sons soit précise et mathématique, au moment rigoureux de leur production, ou qu'elle ne soit que successive; car du moins la succession serait si prochaine, comme l'expérience le prouve, que les effets reviendraient au même, attendu le prolongement inévitable de leur résonnance respective, qui nécessairement fait entendre à l'oreille un Accord, un groupe de sons simultanées. Mais voici ce que j'ai fait pour m'assurer si cette coexistence est instantanée.

J'ai construit, pour mes leçons, un Sonomètre propre à toutes les expériences de la corde vibrante. J'ai divisé la longueur de la table harmonique de cet Instrument avec une extrême précision, en seize parties égales; j'ai disposé seize cordes de même diamètre, susceptibles d'être montées au ton que l'on veut. Pour obtenir un accord stable, j'ai pris des cordes métalliques, mais assez minces pour que leur rigidité naturelle fût à peu près neutralisée par la tension, et que le cas rentrât, autant que possible, dans celui des cordes flexibles. J'ai établi une grosse corde à boyau, au commencement de la série; et ayant monté celle-ci à un ton déterminé, de manière à obtenir un son plein et fort, j'ai mis toutes les autres cordes à l'unisson de ce bourdon. J'ai pris des chevalets mobiles, et j'en ai placé un sous chaque corde, aux divisions successives 2, 3, 4, 5, 6, etc. de la table harmonique: par ce moyen, la première corde métallique a donné l'octave du son fondamental, et la petite partie des autres cordes suivantes a donné successivement l'unisson de chacune des parties aliquotes de la corde fondamentale, dans l'ordre suivant: 3, 4, 5, 6, 7, 8, etc. Pour empêcher toute communication de mouvement à la plus longue partie de chaque corde, j'ai disposé au-dessus et transversalement, une sourdine commune.

On sait que si l'on désigne par *ut* le son fondamental de la corde entière, tous les sons rendus par cet appareil sont représentés par cette série (1) :

$$Ut, \ ut, \ sol, \ ut, \ mi, \ sol, \ la^h,$$
$$1, \quad 2, \quad 3, \quad 4, \quad 5, \quad 6, \quad 7,$$
$$ut, \ re, \ mi, \ fa^h, \ sol, \ ta, \ la^h, \ si, \ ut.$$
$$8, \quad 9, \quad 10, \quad 11, \quad 12, \quad 13, \quad 14, \quad 15, \quad 16.$$

Pour constater la justesse du son individuel de chacune des cordes, on tire de la corde fondamentale le son harmonique correspondant, par le procédé connu que j'ai rappelé, et l'on vérifie ainsi chaque unisson.

Enfin je laisse entre la série des cordes divisées par les chevalets et la corde fondamentale, une autre corde libre, montée à un ton dont les vibrations se fassent selon un nombre incommensurable avec celui de toutes les autres cordes.

---

(1) Je désigne ici par *fa^h* ( *fa* harmonique ), *ta* et *la^h* ( *la* harmonique ), trois sons qui diffèrent, le premier, du *fa* usité, et les deux autres, du *la* ordinaire qui est intermédiaire entr'eux.

Les choses étant ainsi disposées, je place sur toutes les cordes, à l'exception du bourdon, de petits chevrons de papier; et au moment où je fais résonner la grosse corde avec l'archet, tous les chevrons s'ébranlent, excepté celui de la corde libre dont j'ai parlé en dernier lieu. Le repos absolu de celui-ci, qui est néanmoins le plus voisin de la corde vibrante, atteste évidemment que le mouvement des autres n'est dû ni à la simple commotion physique de l'air ambiant, ni aux vibrations de la table harmonique communiquées aux chevalets. Si l'on isole, dans la corde fondamentale, le son harmonique de chacune des aliquotes, on voit s'ébranler les chevrons qui correspondent aux divisions homologues et à leurs sous-multiples successifs. Par exemple, si l'on isole le son 2, les chevrons qui s'agitent, sont ceux des cordes 2, 4, 6, 8, 10, 12, etc. Si l'on isole le son 3, les chevrons qui s'ébranlent sont ceux des cordes 3, 6, 9, 12, 15, etc. Dans chaque cas, je n'ai pas su remarquer le plus petit intervalle entre le coup d'archet et l'ébranlement des chevrons.

Il paraît résulter de ces expériences.......

1°. Que le son fondamental d'une corde vibrante est réellement accompagné de la résonnance simultanée des parties aliquotes de la même corde, exprimées, quant au nombre des vibrations, par la suite naturelle des nombres 1, 2, 3, 4, 5, 6, etc. ; et qu'ainsi toutes ces vibrations partielles s'établissent à la fois, et se superposent, en quelque sorte, les unes sur les autres, sans se confondre ;

2°. Que chaque son harmonique rendu isolément, est lui-même un son complexe, un nouveau groupe de sons qui s'établissent selon la même loi.

Quoique ces sons harmoniques soient complexes comme tous les autres, il est facile d'expliquer cette sorte de netteté qui les distingue : c'est que la corde totale se divisant en plusieurs parties qui résonnent à l'unisson, le son principal rendu par chaque partie se trouve répété simultanément ; ce qui fait que ce son se prononce plus énergiquement, et qu'il efface la faible résonnance des harmoniques ultérieurs dont il est lui-même composé. Telle est, ce me semble, la cause du caractère particulier des sons harmoniques, qui ne faisant point sentir à l'oreille l'impression de l'Accord ordinaire donné par une corde libre, produisent une sensation différente, analogue, en quelque sorte, à celle que donnent les sons les plus purs de l'Harmonica.

Une autre expérience remarquable, est le frémissement que l'on obtient, d'une manière très-sensible, dans les cordes plus graves que le son principal, lorsqu'elles sont accordées à l'octave grave de quelqu'une des parties aliquotes de la corde principale, tandis qu'on n'obtient rien de semblable, si la corde grave est accordée à un degré incommensurable avec l'autre. Dans ce cas, ce n'est pas la corde grave toute entière qui résonne, mais seulement celle de ses parties aliquotes qui correspondent à leurs égales dans la corde aiguë. Je m'en suis assuré en divisant une corde donnée en parties égales, et établissant une corde aiguë d'une longueur égale à l'une des divisions de l'autre, d'un diamètre égal et d'un même degré de tension. J'ai placé sur la corde grave, à la manière de Sauveur, de petits chevrons de papier coloré sur les points de division, et des chevrons d'une autre couleur sur les espaces intermédiaires : la résonnance de la corde aiguë aait mouvoir les chevrons des ventres beau- coup plus sensiblement que ceux des nœuds. On peut faire commodément cette expérience, en établissant deux cordes homogènes et d'égale lon- gueur à l'unisson ; on divise l'une d'elles en un nombre arbitraire de parties égales, par la dispo- sition des chevrons, et l'on tire de l'autre corde, en la touchant avec le bout du doigt, le son har- monique qui correspond à la fraction de la pre- mière corde. Cette expérience qui se confirme dans tous les cas , quel que soit le nombre des parties aliquotes de la corde grave , égales chacune à la longueur de la corde aiguë, fait tomber tout ce qu'avait imaginé Rameau pour expliquer l'origine du Mode Mineur, et que M. de Béthisy a reproduit dans son *Exposition de la Théorie et de la Pratique de la Musique* (1).

On peut tirer de la corde fondamentale, sans la toucher nulle part, et seulement en variant convenablement le jeu de l'archet, tous les harmoniques correspondans à ses parties aliquotes; il est vrai que la chose est plus difficile que si l'on touche la corde avec un léger obstacle , qui détermine alors sur-le-champ le nombre de nœuds que comporte la place de cet obstacle. J'obtiens , par ce moyen, la coexistence de plusieurs harmoniques très-sensibles, réunis au son fondamental, et prolongés aussi long-tems que je le desire. Ce qui établit d'une manière décisive, et contre l'opinion de quelques Théoriciens, la possibilité de plusieurs ordres simultanés de vibrations dans la même corde, et notamment des ordres 3, 5, etc., dont je prouve la simultanéité par le fait même. On sait que l'on parvient aussi à faire rendre à un seul tuyau

_______________

(1) *Seconde Partie*, chap. II, art. II.

sonore, deux sons à la fois; et peut-être serait-il possible d'en tirer un plus grand nombre.

Tels sont les phénomènes acoustiques d'une corde flexible, abstraction faite de la théorie mathématique.

Les vibrations d'une membrane tendue paraissent offrir une analogie directe avec celles du cas linéaire. On peut conjecturer que cette analogie se confirmera, si l'on considère celle qui se manifeste entre les verges élastiques, et les plaques ou bandes étroites qui servent de transition, dans la classe des corps à ressort naturel, entre le cas linéaire et celui des corps à deux dimensions.

Les vibrations de l'air dans les tuyaux sonores, sont assujéties aux mêmes lois que celles d'une corde flexible tendue. Il se forme, dans le canal de l'Instrument, des cloisons ou lames d'air stationnaires, qui divisent la longueur du canal en plusieurs sections, d'une manière analogue à l'établissement des nœuds dans la corde vibrante. Les distances des cloisons dépendent de l'ordre des vibrations qui s'établissent, et de là résulte la nature du son, qui est produit par les oscillations ou excursions alternatives des couches d'air continues d'une cloison à l'autre. Par exemple, pour que le son déterminé d'un tuyau monte tout d'un coup à l'octave, il faut que la colonne d'air intérieur se divise en deux par une cloison moyenne; alors les deux moitiés résonnent à l'unisson l'une de l'autre, d'où résulte l'octave du son fondamental; c'est ce qui arrive si le tuyau étant bouché à l'un de ses bouts, est tout-à-coup débouché. Les tuyaux ouverts aux deux bouts se divisent toujours en un nombre pair de parties, dont le rapport est celui des nombres 2, 4, 6, 8, etc.; et si on les bouche à l'une des extrémités, ce qui fait descendre tous les sons d'une octave, les sons harmoniques du tuyau, compris le son fondamental, deviendront ceux-ci 1, 2, 3, 4, etc. Ainsi l'on tire d'un tuyau sonore les mêmes harmoniques que d'une corde flexible tendue. Cette formation du son dans les tuyaux, développée et établie dans la belle théorie qu'en a donnée Daniel Bernoulli, et qu'il a soumise au calcul, explique tous les phénomènes de la propagation du son en plein air (1). Passons aux corps naturellement sonores, en vertu de leur rigidité propre.

---

(1) *Recherches physiques, mécaniques et analytiques sur le son et sur le ton des Tuyaux d'Orgue.* ( Mémoires de l'Académie des Sciences, pour l'année 1762, pag. 431 et suiv. ). On peut aussi consulter les Mémoires et Recherches d'*Euler*, de *Lagrange*, de *Lambert*, de *Ricatti*, etc.

Si

Si l'on fait résonner avec un archet une verge élastique dont *les extrémités soient libres*, ou *fixée par une extrémité seulement*, ou *par les deux extrémités à la fois*, les vitesses des sons harmoniques suivent la loi des carrés des nombres (1)

$$3, \ 5, \ 7, \ 9, \ 11, \ \text{etc.}$$

Si la verge est *appuyée à l'une des extrémités*, ou *appuyée à l'une des extrémités et fixée à l'autre*, la loi est celle des carrés des nombres

$$5, \ 9, \ 13, \ 17, \ 21, \ \text{etc.}$$

Enfin, *si les deux extrémités sont appuyées*, la loi est celle des carrés des nombres

$$1, \ 2, \ 3, \ 4, \ 5, \ \text{etc.}$$

On peut, comme dans les cordes flexibles, isoler chacun de ces sons, en plaçant un léger obstacle à l'un des nœuds, selon l'ordre des vibrations que l'on veut obtenir ; on peut également isoler ces sons, ou du moins quelques-uns d'entr'eux, sans le secours de l'obstacle, en faisant jouer l'archet convenablement.

Lorsqu'on fait résonner une verge élastique

---

(1) Il faut, dans le second cas, excepter le son fondamental, qui n'entre pas dans la loi.

3

fixée par un bout; en la pinçant à la manière des cordes d'Instrument, j'ai trouvé qu'outre le son principal, elle fait entendre une sorte de bourdonnement sourd, mais très-appréciable dans certains cas, qui est une dix-neuvième au dessous du son principal, c'est-à-dire, la double octave grave de la quinte grave de ce son. Une verge de fer de 135 millimètres de longueur, et de 2 millimètres de diamètre, dont le son principal était le *mi*$^b$ du dernier intervalle de la portée en clef de sol, faisait entendre le son très-grave *la*$^b$ du premier intervalle de la clef de *fa*. D'où l'on voit que les sons inférieurs au *mi*$^b$ dont il s'agit, ne tarderaient pas de donner un bourdon absolument inappréciable. Ce phénomène, qui me paraît très-remarquable, a quelque analogie avec celui que M. Chladni a observé dans une corde flexible tendue et divisée par un chevalet qui ne fasse que la toucher, laquelle étant pincée de manière à retomber perpendiculairement sur le chevalet, fait entendre un son plus grave que le son fondamental; ce son grave est une quinte au-dessous, lorsque le chevalet est au milieu de la corde (1).

Les vibrations des *verges courbes*, des *fourches,*

---

(1) *Traité d'Acoustique*, pag. 58, §. 42.

des *anneaux*, donnent aussi des lois très-différentes entr'elles selon les cas.

Il est remarquable qu'une verge courbe de même longueur et de même diamètre qu'une verge droite donnée, fait entendre un son fondamental plus grave que celui de la verge droite ; et la gravité du son augmente avec le degré de courbure. J'ai encore observé que si l'on frotte la verge perpendiculairement au plan de courbure, on obtient un son plus grave encore que si on la frotte dans le plan de cette courbure.

Si nous venons maintenant aux surfaces élastiques, planes ou courbes, nous trouvons une variété presque infinie de phénomènes assujétis à des lois particulières. La surface vibrante se distribue en plusieurs nappes qui oscillent chacune à part, et qui sont séparées les unes des autres par des lignes de repos ; phénomène analogue à celui des nœuds dans le cas linéaire. On sait que pour mettre en évidence les centres d'oscillation et les lignes d'équilibre qui séparent les nappes vibrantes, il faut saupoudrer la plaque située horizontalement, d'un sable fin à grains ronds : au moment où l'on fait jouer l'archet, le sable agité par les excursions verticales de chaque nappe, se réfugie sur les lignes nodales, et dessine à l'œil le système entier des nappes vibrantes dont les sons résonnent simultanément.

5..

On détermine, dans la même surface, une grande variété de systèmes d'oscillations, en donnant à la plaque un ou plusieurs points d'appui choisis convenablement, et en variant leur situation; comme, dans le cas linéaire, on change l'ordre des vibrations en changeant la place de l'obstacle qui détermine la situation et le nombre des nœuds.

Les corps sonores étendus en longueur sont encore susceptibles de vibrations *longitudinales;* or la loi de ces vibrations, dans les cordes flexibles, est la même que celle de leurs vibrations *transversales;* tandis que, dans les verges élastiques, ces deux genres de vibrations diffèrent totalement.

Enfin les verges et les bandes élastiques admettent des vibrations *tournantes*, ou espèces de torsions autour de leur axe; et les sons simultanés qui en résultent, présentent les mêmes lois que les vibrations longitudinales qui appartiennent à cette classe de corps sonores; sauf que tous les sons se trouvent plus graves d'une quinte.

Il est donc établi, par tous ces faits, qu'il n'est, dans la nature, aucun son qui ne soit complexe, qui ne présente un groupe de sons co-existans et de différens degrés, un Accord proprement dit. Mais, des deux grandes classes de corps sonores, les uns, comme on voit,

offrent autant de lois diverses dans les élémens
physiques qui concourent à la sensation, qu'il
y a d'espèces de corps et de modifications acci-
dentelles dans leur disposition et leur emploi,
tandis que les autres sont universellement et
constamment soumis à une même loi, qui reste
immuable, quelle que soit la variété des accidens
qui interviennent dans l'usage de ces corps.

Le phénomène de la corde flexible tendue
n'étant ainsi, dit-on, qu'un cas particulier parmi
les lois nombreuses que présentent les vibrations des diverses espèces de corps sonores,
M. Chladni conclut de là qu'on ne saurait prendre
pour base de toute l'Harmonie, une loi tirée
d'un seul ordre de phénomènes naturels, tandis
qu'une multitude d'autres phénomènes analogues
présentent d'autres lois très-différentes et tout
aussi naturelles que la première. Il pense donc
que *le Monocorde ne peut pas servir pour établir
les principes de l'Harmonie*, et que le seul fondement que l'on puisse lui assigner, est *la plus
ou moins grande simplicité des rapports*.

Certes, il n'appartiendrait mieux à personne
qu'à M. Chladni lui-même, de déterminer les
conséquences qui peuvent résulter touchant l'Art
Musical, des phénomènes intéressans qu'il a
découverts, et de la lumière toute nouvelle qu'il

a répandue sur l'Acoustique. Aussi est-ce avec la plus grande défiance que je vais hasarder quelques observations là-dessus, et en professant hautement les sentimens de déférence qui sont dus à un savant si distingué.

# SECONDE PARTIE.

### *Application des faits.*

D'ABORD je ne pense pas que l'influence de la plus ou moins grande simplicité des rapports sur l'agrément de nos sensations soit réellement bien démontrée. Pour ne pas me livrer ici à une discussion qui me mènerait trop loin, je m'en tiendrai à un argument tiré de la Musique elle-même. On sait par expérience, et les effets de l'Orgue le confirment sans réplique, que la quinte supporte mieux une légère altération que la tierce, tandis que l'octave n'en peut admettre aucune. Dira-t-on que, dans la quinte, l'oreille supplée à la justesse de l'accord? Mais pourquoi n'y supplée-t-elle pas de même dans la tierce? Est-ce que le rapport de la quinte étant plus simple, l'oreille est plus prompte à le saisir? Mais alors elle devrait s'accommoder mieux encore d'une approximation dans l'octave, dont le rapport est plus simple que celui de la quinte, tandis que c'est précisément le contraire. Je ne vois pas ce qu'on peut répondre à cette difficulté. D'ailleurs, plus une approximation est voisine d'un rapport simple, moins elle est simple elle-même ; et ce serait donner là une explication bien contraire, comme dit Rousseau, au principe même qu'on veut établir. Mais il y a plus : si une quinte tempérée est plus agréable qu'une quinte juste, comment concilier cette singularité avec le principe de la simplicité des rapports ? J.-J. Rousseau faisant observer quel est le rapport compliqué d'une quinte tempérée par la méthode de Rameau, demande plaisamment si c'est en raison de sa simplicité que l'on goûte ce rapport. « Quoi ! dit-il ailleurs, quand les » vibrations s'accordent de six en six , mon » oreille est charmée; et quand elles s'accordent » de sept en sept, mon oreille est écorchée ! » Répétons ici ce que nous avons déjà remarqué plusieurs fois, que c'est une grande erreur que de vouloir soumettre les matières de sentiment à l'analyse et au calcul.

Je crois donc qu'il faut chercher les fondemens de l'Art ailleurs que dans les combinaisons abstraites de quelques nombres, et nous aider en ceci d'un guide plus sûr que la théorie des rapports.

Reconnaissons, avant tout, un principe incontestable, que tous les sons ne sauraient appartenir à la Musique; et cherchons parmi les corps sonores quels sont ceux qui sont exclusivement

de son domaine : la nature elle-même nous gui-
dera dans cette recherche.

1°. Quel est le premier et le plus beau des
Instrumens de Musique ? C'est, sans aucun doute,
la voix humaine.

2°. Quel est l'organe destiné à nous interpréter
les effets de la Musique, le seul par qui elle existe
pour nous ? L'oreille.

Je pense que l'examen de ces deux organes
admirables est propre à répandre quelque lumière
sur la question qui nous occupe.

C'est un fait avoué de tout le monde, que les
Instrumens les plus agréables et qui plaisent le
plus généralement, sont ceux dont le timbre
se rapproche le plus de la voix humaine ; il est
donc raisonnable d'étudier d'abord la nature de
cet organe sonore, de ce type primitif des Instrumens, source originelle où l'Art a puisé tous
ses moyens, et auquel toute la Musique a été
et devrait être encore entièrement subordonnée.
Il est vraisemblable que les effets des Instrumens
dont le timbre a quelque analogie avec celui de
nos organes, tiennent à quelque chose de commun dans l'économie intime des uns et des autres.

Or j'ai toujours regardé l'organe vocal, dans
l'action du chant, comme un Instrument mixte
qui participe à la fois de la nature des tuyaux
sonores et de celle des Instrumens à cordes

flexibles et tendues; c'est l'opinion des physio-
logistes les plus célèbres. Et quand le phénomène du chant ne dépendrait exclusivement que
de l'une ou l'autre de ces deux constitutions
de l'organe, nous y trouverions également la
solution du problème que nous nous sommes
proposé. Il est universellement reconnu que
l'ouverture de la glotte s'élargit dans la formation des sons graves, qu'elle se rétrécit dans
celle des sons aigus; qu'à mesure qu'elle s'a-
grandit chez l'homme avec l'âge, la voix se
renforce et passe de l'aigu au grave, et qu'elle
est toujours plus étroite chez les enfans et les
femmes, dont la voix est à l'octave aiguë de
celle des hommes. D'un autre côté, trois des cinq
cartilages du larynx exercent une action directe
et constante sur la formation de la voix; ce sont
eux qui produisent les variations qui surviennent
dans l'ouverture accidentelle de la glotte, en
tendant ou relâchant les ligamens qui leur sont
attachés. Ces cordes vocales plus ou moins tendues, déterminent le degré de vitesse des vibrations dont elles sont susceptibles. Ajoutons
enfin que la longueur de la trachée-artère con-
court à modifier les degrés de la voix, et il res-
tera peu de doute sur la double nature de cet
Instrument merveilleux. Après en avoir exposé
le beau mécanisme avec le talent qu'on lui con-

naît, **M.** Richerand s'exprime ainsi : « Une der-
» nière raison qui me semble devoir faire re-
» garder le larynx comme remplissant à la fois
» les usages d'un Instrument à vent et d'un Ins-
» trument à cordes, c'est que la ligature ou la
» section des nerfs récurrens, qui donnent à
» ses muscles intrinsèques la faculté contractile,
» entraîne la perte de la voix ; ce qui prouve
» bien évidemment la nécessité d'une action
» quelconque dans les côtés de l'ouverture (1). »

Si la voix humaine doit être comptée avec quelque prépondérance parmi les Instrumens de Musique, elle qui les a tous précédés, et qui présente une perfection à laquelle ne saurait atteindre l'art le plus délicat, ne trouvons-nous pas dans sa nature une première indication de l'espèce d'Instrumens la mieux appropriée à notre organisation ? et n'est-il pas juste de penser que ceux qui se rapprocheront le plus de ce beau modèle, par leur constitution intérieure et par la nature de leurs effets, seront les plus propres à remplir l'objet de la Musique ? Serait-il raisonnable de rejeter ce premier aperçu, et de fermer les yeux à ce trait de lumière que nous offre la nature ?

---

(1) *Nouveaux Élémens de Physiologie*, chap. VII, §. CXXI et suiv.

Mais ce n'est pas tout. Si de l'Instrument le plus mélodieux et le plus flexible que nous possédions, qui est la source primitive de tout le langage du sentiment, nous passons à cet autre organe non moins prodigieux, chargé de répéter les accens du premier et de les porter jusqu'à l'ame, nous trouvons dans celui-ci une constitution analogue quant aux substances qui le composent et quant au jeu réciproque et combiné qu'elles exercent dans leur action. Le pavillon de l'oreille et le conduit auditif externe sont construits d'une substance fibro-cartilagineuse, qui n'a que la mesure d'élasticité nécessaire pour réfléchir les rayons sonores et conserver aux vibrations de l'air une force suffisante qui assure la transmission fidèle, dans l'oreille interne, des espèces d'oscillations qui leur sont communiquées en passant par ces messagers aériens, auxquels ils sont chargés de les rendre. Les cinq muscles intrinsèques produisent d'abord sur les parois du conduit auditif un effet analogue à celui qu'exercent les cartilages du larynx sur l'ouverture ou le rétrécissement de la glotte : ils le relâchent ou le resserrent selon la nature des sons aigus ou graves auxquels il doit donner passage. Les membranes flexibles et élastiques du tympan et de la fenêtre ovale, dont le relâchement adoucit l'impression des sons aigus, et dont la tension augmente celle des sons graves, alternative admirable produite par la chaîne des osselets qui s'étend de l'une à l'autre; la caisse du tambour remplie d'un air élastique et renouvelé à propos par la trompe d'Eustache; les vibrations de cet air transmises de la membrane du tympan à celle des fenêtres ronde et ovale, et de celles-ci à l'humeur gélatineuse où flotte le nerf auditif; les fonctions du limaçon et de ses diverses parties; les canaux demi-circulaires, la série des fibres décroissantes de la lame spirale : cette suite d'appareils et de phénomènes dignes d'exciter toute notre admiration, ne présente, comme on voit, dans leur influence sur les phénomènes acoustiques, que l'action d'un système combiné de substances flexibles plus ou moins tendues et de fluides élastiques et compressibles. Nouvel indice que nous donne la nature sur le choix à faire parmi les Instrumens artificiels, pour nous conformer à ses vues, en imitant les modèles qu'elle a eu soin de nous préparer.

Qui pourrait contester l'importance que j'attribue ici aux deux organes sans lesquels la Musique ne serait rien pour nous, ou plutôt, sans lesquels il n'y aurait point de Musique ? Qui oserait taxer d'erreur le principe que j'invoque, celui de prendre la voix et l'oreille pour les premiers objets à considérer dans l'institution d'un Art fait pour elles ? Si le tems et l'espace me permettaient de développer ce principe dans toute son étendue, et d'en déduire toutes les conséquences qui en rejaillissent d'elles-mêmes, j'ose croire qu'il me serait facile de démontrer combien la Musique aurait gagné à le consulter plus souvent, et surtout à le prendre pour le régulateur primitif et constant des élé-mens et de la pratique, dans toutes les parties de ce bel Art. Je ferais voir, comme je l'ai indiqué ailleurs, l'admirable rapport, la corres-pondance intime, la coordination réciproque, la proportion mutuelle qui se trouvent entre l'organe actif et l'organe passif, entre la voix humaine, premier dépôt des élémens de l'Art Musical, et l'oreille chargée d'en recueillir et d'en manifester les effets, et dont les facultés, quoique très-étendues, ne laissent pas d'être circonscrites dans de certaines bornes détermi-nées par l'organisation. Je ferais remarquer que l'oreille ne pouvant apprécier et la voix se refu-sant à produire des sons trop aigus ou trop graves, il est vraisemblable que les limites de ces deux organes sont à peu près les mêmes, sauf que l'oreille ayant été destinée à recevoir d'autres sons que ceux de la voix humaine, ses facultés passives doivent s'étendre plus loin que la puissance de la voix, et que la coïncidence des octaves peut permettre quelques degrés de tolérance au grave comme à l'aigu. Je montrerais comment de là on pourrait conclure la raison du peu d'agrément que nous trouvons dans les sons que l'effort seul arrache à la voix qui veut s'élever au dessus de sa portée naturelle, comme celle de l'impuissance où nous sommes d'apprécier les sons très-graves ou très-aigus, autrement qu'à la faveur de la ressemblance des octaves. Nous expliquerions ainsi la sécheresse du jeu forcé de tout Instrument qui dépasse ses propres limites; par là nous mettrions à découvert la faute d'avoir trop étendu le clavier, surtout à l'aigu, et d'avoir introduit ainsi gratuitement, dans notre système musical, une cause majeure de défauts, plus nuisible qu'on ne pense, au plaisir de l'oreille et à la beauté d'expression. Tout le monde sait que les plus beaux sons de tous les genres de voix et de tous les Instrumens, sont dans le *medium* de leur étendue (1). Enfin je ferais

---

(1) *Anticamente, la serie de' suoni, che esprivemano le voce e gli strumenti, era essai limitata, mentre oltre passava di poco le cinque righe; ed al presente è troppo estesa; perchè quando i suoni son fuori dell' ordine naturale per esser troppo gravi, e troppo acuti, sono molto ingrati.* Regole Armoniche, etc. Dà Vincenzo MANFREDINI, etc. Jn. Venezia, 1775, p. 9.

sentir combien il serait à la fois naturel et sage de subordonner tout l'Art Musical à la nature des deux organes dont il s'agit, et que de ce principe si simple et si juste, qui paraît n'avoir pas même été soupçonné dans l'établissement de l'Echelle des sons, ni dans la facture des Instrumens, que de ce principe lumineux et fécond découleraient en abondance une foule de considérations importantes sur la nature, le fondement et les bornes de l'Art. Mais laissons cette vaste matière qui ne peut trouver place ici, et tenons-nous-en à l'objet de ce Mémoire.

On doit distinguer, comme on a vu précédemment, deux grandes classes de corps sonores, que la nature a pris soin de bien caractériser : la première comprend, d'une part, tous les corps flexibles et susceptibles d'acquérir une élasticité suffisante pour le son, au moyen d'une tension artificielle; et de l'autre, les instrumens à vent : la seconde classe est celle des corps rigides et naturellement sonores. Or, s'il existe un son musical par excellence, dont l'analyse puisse fournir les vrais élémens de l'Art, on entrevoit que c'est dans la première espèce de corps sonores qu'il faut chercher ce son radical; et ici, comme en tant d'autres choses, l'instinct général a devancé la science. Celle-ci, quand elle est juste et fondée sur des principes avoués

par

par la saine raison, ne fait jamais que confirmer les indications de la nature. Je me fie peu à une science qui s'en écarte et qui ne s'accorde pas avec le sentiment ou avec les données de l'expérience, à une science qui ne s'appuie que sur de vaines abstractions ou sur des hypothèses gratuites, et dont l'esprit ne peut suivre les théories qu'avec un effort continuel.

Le sentiment a partout fait choisir les corps flexibles et les Instrumens à vent, de préférence aux corps rigides, qui n'ont jamais été introduits dans la véritable Musique, que par exception, avec une sorte de réserve, et rarement sans inconvénient. Les corps flexibles et les tuyaux sonores paraissent être les seuls dont la résonance s'accommode également à tous les organes et plaise le plus généralement. Qui peut entendre sans plaisir les sons moelleux et veloutés de la Harpe, quoiqu'ils soient privés des grands moyens d'expression que l'on tire de la tenue et du renflement des sons ? Tandis que l'Harmonica, qui jouit éminemment de ces deux qualités, est insupportable à une infinité de personnes, et a toujours, pour les autres, un caractère de mélancolie et de tristesse plus ou moins pénible. Tous les Instrumens de matière rigide sont fatigans, ou par la dureté de leurs sons, ou par je ne sais quel timbre énergique et per-

çant, dont les sons pénétrans semblent s'introduire plus avant dans l'organe, en agacer et
irriter les fibres, et faire subir à toutes ses parties
étonnées, des impressions qui ne leur sont point
familières. Les Instrumens de percussion qui appartiennent à cette classe, troublent toute harmonie où l'on veut les introduire; et qui ne sait
pas quelle triste Musique est celle des cloches?

N'est-ce pas une chose bien remarquable, que
tous les Instrumens généralement goûtés, ceux
que tous les peuples ont préférablement adoptés
dans leur Musique, soient précisément ceux
dont la constitution interne est conforme à celle
de nos organes, tandis que les autres n'ont jamais
fourni que quelques exceptions rares, et pro-
duites seulement comme des objets de curiosité?
Qu'est-ce qui démontre mieux la vérité des
aperçus que nous indiquons ici?

Il semble donc qu'on peut poser en fait que le
caractère fondamental des sons musicaux proprement dits, ne réside essentiellement que dans
les corps flexibles et dans les Instrumens à vent;
que tout Instrument composé de corps sonores
à ressort naturel et suffisant pour produire le
son, sera toujours peu propre à la véritable
Musique; et que, si quelques Instrumens de cette
nature, chefs-d'œuvre d'une industrie particu-
lière, semblent réclamer une sorte d'exception,

on peut assurer qu'ils ne plairont pas à tout le monde, ou que du moins leur caractère en rendra l'emploi nécessairement très – circonsérit (1). On ne doutéra plus de ces vérités, si l'on rapproche les observations que nous avons faites précédemment; c'est-à-dire, si l'on admet, comme je le crois raisonnable, que ce soit à la

---

(1) J'avais observé à ce sujet, dans mon précédent Mémoire, que MM. les Membres de la Classe des Beaux-Arts de l'Institut et ceux de la première Classe à qui ils étaient réunis, n'avaient pu s'empêcher, en rendant justice au *Clavi-cylindre* de M. Chladni, de reconnaître, dans l'effet de cet Instrument, une teinte de *tristesse* et de *mélancolie*. Quelqu'un qui a communiqué mon Mémoire à M. Chladni, lui ayant demandé ce qu'il en pensait, il a dû répondre qu'il trouvait tout cela très-bien, mais qu'il ne désespérait pas d'anéantir mes raisons par la pratique. M. Chladni ne pourra pas anéantir les lois géométriques des vibrations des corps sonores, lois qu'il a si bien mises en évidence par ses savans et ingénieux travaux. Tout ce que M. Chladni pourra faire, ce sera de perfectionner les Instrumens dont il est l'inventeur; et je ne doute nullement que son génie et son savoir ne triomphent admirablement des obstacles; mais alors, les efforts mêmes qu'il aura faits confirmeront mon opinion sur les Instrumens à matière rigide; et plus il aura mis de talent et d'industrie à obtenir les effets qu'il cherche, plus il attestera la difficulté d'y arriver par l'emploi des matériaux qu'il aura combinés.

voix humaine à indiquer les élémens naturels
et primitifs de la Musique; si l'on prend garde
que les Instrumens les plus flatteurs sont ceux
dont le timbre a le plus d'analogie avec ce bel
organe; si l'on n'oublie pas qu'il n'est lui-même
qu'un Instrument mixte, entièrement subor-
donné à la loi commune des vibrations qui se
manifeste dans les corps flexibles et dans les
Instrumens à vent; si l'on considère, comme
nous l'avons dit ailleurs dans les mêmes termes,
qu'il n'y a rien, dans l'organisation animale, qui
soit en rapport avec la rigidité des corps assez
élastiques par eux-mêmes pour être sonores;
que l'action énergique de ces corps mis en vi-
bration, est hors de toute proportion avec la
mesure d'élasticité que comportent les fibres
des organes et les diverses substances flexibles
et compressibles par lesquelles s'exerce le phénomène de la sensation; si l'on observe, au contraire, les rapports et la similitude qui existent
entre l'organisation de l'oreille et les corps
flexibles ou les tuyaux sonores, ce qui rend
ceux-ci bien plus propres à agir convenablement
sur nos organes, sans les agacer, sans les ébranler au-delà de leur portée naturelle, sans leur
arracher des ordres de vibrations que leur nature
physique ne comporte pas; et ce qui nous porte
directement à croire que les systèmes d'oscilla-

tions de ces corps doivent trouver dans l'oreille une facilité toute naturelle, une prédisposition organique à recevoir des impressions qui s'accordent avec leur nature, et à y correspondre par des oscillations de même genre.

N'est-il pas naturel, en effet, d'attribuer la grande différence des résultats que fournissent les corps flexibles et ceux à ressort naturel, à l'essence intime et propre de leurs sons respectifs, aux groupes de sons, aux Accords que détermine leur résonnance, c'est-à-dire, à l'effet total et simultané des sons élémentaires coexistans dans les uns et les autres ? L'expérience prouve que la résonnance totale des sons 1, 2, 3, 4, 5, 6, etc., constitue la plénitude du son qui paraît le plus pur, et donne le plus beau des Accords; elle prouve de même que la résonnance simultanée de plusieurs sons établis sur toute autre série, ne produit plus le même effet, et ne peut contenter l'oreille. M. Chladni reconnaît qu'il n'y a pas moyen d'empêcher, dans aucune espèce de corps sonores, la coexistence des sons aigus, tant que subsiste le son fondamental; et il avoue que cette coexistence est peu harmonieuse dans tous les cas où la série des sons n'est pas celle de la suite naturelle des nombres, laquelle est la seule qui satisfasse pleinement l'oreille. Ainsi, cette coexistence qui, loin d'être un inconvénient dans le son des corps flexibles, en constitue, au contraire, la beauté, cette coexistence est un vice inhérent au son de tous les autres corps sonores, et semble par là les exclure formellement du domaine de l'Art Musical. Cet inconvénient est d'autant plus grand, que, tandis que quelques-uns de ces corps sonores font entendre distinctement des sons plus aigus que le son fondamental, d'autres en produisent au contraire de plus graves, comme nous l'avons remarqué. Si nous observons les diverses sortes d'Instrumens à vent, dont le caractère fondamental est le même que celui des corps flexibles, nous verrons que, s'il se mêle à leur son quelque résultat des vibrations qu'exécutent les parois de l'Instrument, comme il est incontestable, nous verrons, dis-je, en même tems, que le son en est d'autant plus mélodieux, que la matière de l'Instrument ou de quelques-unes de ses parties principales est moins rigide par elle-même. J'ai réclamé à cet égard la comparaison des sons de la Flûte, du Haut-bois, du Cor, de la Trompette, de ceux des tuyaux d'Orgue construits en bois, en plomb, en étain, en étoffe (1) ou en fer-blanc : ainsi

----

(1) Mélange d'étain et de plomb.

partout on retrouve le même principe sur la cause du caractère essentiellement musical que nous attribuons aux sons que nous considérons comme tels.

Les cordes de métal que l'on adapte à quelques Instrumens, ayant une certaine mesure d'élasticité naturelle, participent de la nature des corps rigides; aussi ces cordes rendent-elles toujours un son plus dur que les cordes de soie ou de boyau; cependant on plie leur son au système reçu, en leur donnant, par la tension, le complément d'élasticité nécessaire pour la production du son, ce qui les fait rentrer à peu près dans la classe des corps flexibles, quoique jamais on ne puisse obtenir de leur timbre ces sons mordans et pleins, réunissant la douceur à la force, tels que les donne une bonne corde flexible. L'harmonie qu'on en tire n'a jamais cette pureté que l'on trouve dans les autres Instrumens : qui n'a pas remarqué la confusion qui se manifeste dans les Accords et les effets tumultueux du Piano, auprès de l'harmonie franche et nette de la Harpe ?

Les corps sonores rigides ne me paraissent pouvoir être employés dans la Musique que par une sorte de tolérance, et dans le cas seulement où ce que leur résonnance individuelle renferme de contraire à celle des corps flexibles, se trouve dominé et neutralisé par l'influence majeure du système de ces derniers. Alors on peut dire que l'oreille préoccupée du système de résonnance auquel elle se complaît exclusivement et qui l'affecte habituellement, se fait illusion sur des exceptions faibles qui rentrent dans le système dominant. Les corps rigides ne remplissent dès lors qu'une fonction analogue à celle des autres, et l'on n'y distingue autre chose qu'une différence de timbre qui, par son caractère particulier, apporte dans l'ensemble une expression plus ou moins heureuse, propre à concourir à l'effet total par cette variété de teintes et de nuances, ou à correspondre, d'une manière plus ou moins convenable, à quelques incidens peu communs qui demandent à être rendus par des effets analogues : tels étaient, pour le premier objet, les sons d'un Harmonica employés dans l'accompagnement des Lamentations de Jérémie ( exemple que j'ai cité ), et pour le second, le son du *Gong-gong* ou *Tam-tam* chinois, que M. Chladni a entendu à Copenhague, dans un Oratorio, pour exprimer le tremblement de terre à la mort du Sauveur.

Quant au jeu isolé de ces Instrumens, on peut dire qu'en combinant leurs sons, tant en mélodie qu'en harmonie, selon les proportions reçues, on atténue ce qu'ils ont de disparate avec l'harmonie naturelle des corps flexibles; et l'oreille se prête encore à une illusion que favorisent à la fois sa préoccupation habituelle et les circonstances qui accompagnent l'emploi de ces sons. Mais la nécessité de les subordonner à la progression et à la hiérarchie assignées par la nature des corps flexibles, prouve assez qu'il n'appartient qu'à ceux-ci de donner la loi.

A quoi il faut ajouter que les sons moyens, et surtout les sons un peu graves que l'on tire de ces Instrumens, donnent des sons concomitans très-perceptibles, qui deviennent sensibles aux oreilles même les moins exercées, loin de se fondre, pour ainsi dire, et de se perdre dans le son fondamental, comme il arrive dans les corps flexibles, dont les sons graves sont au contraire les plus beaux. D'où il s'ensuit que, pour obtenir une musique un peu supportable avec les Instrumens à matière rigide, on est obligé de se circonscrire dans un diapason très-élevé; ce qui ne fournit qu'un petit nombre de sons arides et aigus, dont la ténuité perçante et soutenue n'admet aucune variété et doit bientôt fatiguer l'organe par cette monotonie : nouvelle cause de la peine et du dégoût que ne tarde

pas de faire naître le jeu prolongé de ces Instrumens (1).

Un fait très-important qu'on ne saurait trop
remarquer, est celui du plein Jeu de l'Orgue,
où chaque son formé selon le procédé de la
nature, acquiert une si grande énergie, et produit un si bel effet. Pourquoi ce Jeu paraît-il
offrir une série de sons individuels se prêtant
aux mêmes emplois que si chacun d'eux était
un son unique et simple, quoiqu'il soit composé

----

(1) Qu'on jette les yeux sur les tables données par
M. Chladni, des sons harmoniques que produisent, par
exemple, les plaques rectangulaires de diverses dimensions,
et qu'on se figure ce qui doit résulter de ces Accords, qui
sont tels, que le son fondamental est ordinairement le plus
faible de tous, surtout dans les plaques un peu grandes,
et que les harmoniques finissent même par couvrir entièrement le son grave. J'ai remarqué que ces harmoniques ne
cessent d'être perceptibles, en s'élevant dans l'Échelle
diatonique, que dès le *la*, double octave aiguë du *la*
grave du Violon, c'est-à-dire, dans un diapason dont
l'emploi soutenu importune et rebute bientôt l'amateur
le plus intrépide des sons aigus. J'ai un Instrument composé de plaques rectangulaires de verre, dont chacune,
entre plusieurs sons aigus plus ou moins perceptibles, fait
entendre distinctement un Accord dont les sons sont
entr'eux comme les nombres 3, 8 et 20, c'est-à-dire,
le son fondamental, l'octave de sa quarte, et la double
octave de sa sixte majeure.

en lui-même de cinq sons simultanés ? C'est que chaque groupe de sons affecté à chaque degré de l'Échelle, est une imitation du phénomène de la résonnance dans l'espèce de sons le plus harmonieux. Si l'on s'avisait de former artificiellement des sons complexes, en y employant les données fournies par la résonnance des corps naturellement élastiques, tels que les sons :

$$(3)^2, (5)^2, (7)^2, (9)^2, (11)^2, \text{etc.}$$

ou bien ceux-ci :

$$(5)^2, (9)^2, (13)^2, (17)^2, (21)^2, \text{etc.}$$

et que l'on établit une Échelle diatonique et chromatique avec des sons ainsi composés, on n'obtiendrait sûrement qu'une affreuse cacophonie. J'ai déjà dit que cette expérience décisive et très - curieuse mériterait d'être faite ; elle exposerait dans tout son jour la différence essentielle et majeure qui règne entre les corps sonores flexibles et ceux à ressort naturel, envisagés comme producteurs des sons à employer dans la Musique, et elle mettrait le sceau de l'évidence au principe fondamental que nous avons déduit des phénomènes acoustiques.

Il me semble que les considérations qui précèdent nous donneraient ici un grand avantage contre l'argument de quelques Physiciens qui refusent de reconnaître la base de l'Harmonie dans la coexistence naturelle des sons, par la raison que cette coexistence envisagée en général, dans tous les corps sonores, présente une si grande diversité de lois, qu'il n'y a pas de motifs, selon eux, d'en choisir une de préférence aux autres; que celle de la corde vibrante n'est qu'un cas particulier parmi une multitude de phénomènes tout aussi naturels, et que si l'on pouvait prendre à volonté l'un quelconque des corps sonores pour la source de l'Harmonie, il s'ensuivrait que l'intervalle 4 : 9, par exemple, ou tout autre intervalle dissonant, fourni par une cloche d'Harmonica, devrait être réputé une consonnance.

D'abord il n'est pas exactement vrai que le phénomène de la corde vibrante ne soit qu'un cas particulier : la loi qui se manifeste dans ce phénomène, appartient à deux grandes classes de corps sonores, les corps flexibles et les Instrumens à vent; elle est la même dans toutes les espèces particulières de ces corps, et elle y règne constamment, dans toutes les circonstances et dans tous les modes de leur emploi : premier motif d'exception, qui ruine l'objection dans son fondement. Ensuite, il n'est pas indifférent de comparer la constance de cette loi avec l'uniformité de notre constitution organique, et

de considérer l'analogie des seuls genres de
corps sonores soumis à cette loi, avec les organes par lesquels seuls existe la Musique. Enfin
je dirai qu'adopter pour base de l'Harmonie la
coexistence des sons de la corde vibrante, ce
n'est point s'obliger à reconnaître pour consonnance tous les intervalles indiqués par les autres
corps sonores ; c'est au contraire s'engager à
récuser tout intervalle non compris dans la
résonnance des corps flexibles. Il n'y a en effet
aucunes raisons pour chercher le son radical
de la Musique dans une cloche d'Harmonica : il
y en a beaucoup au contraire pour rejeter cette
espèce de corps sonore, et il s'en présente de
décisives, pour s'attacher exclusivement aux
corps flexibles.

Ainsi les nouvelles découvertes de l'Acoustique nous rameneraient à cette conséquence
remarquable, que les vrais et uniques élémens
physiques de l'Art Musical sont donnés immédiatement par le son d'une corde vibrante, et
qu'ils sont tous compris dans la suite naturelle
des nombres 1, 2, 3, 4, 5, 6, 7, 8, etc. Ainsi
seraient justifiées les vues pleines de sagacité que
l'Abbé Feytou avait portées sur cet objet, peut-
être à quelques restrictions près, qu'une saine
philosophie semble exiger, attendu qu'il ne faut
jamais outrer aucun principe. On doit se con-

tenter, dans les Arts, de connaître les bases
primitives données par la nature, sans prétendre
qu'il faille tout attendre d'elle, et qu'on ne puisse
rien oser qui la modifie, comme si l'art ne con-
sistait pas au contraire dans un choix bien entendu
et dans une sage combinaison des faits, plutôt
que dans une copie servile de la nature.

Si l'on objecte d'abord que la progression des
sons harmoniques ne saurait engendrer tous les
sons de l'Échelle pratique, tels qu'ils sont universellement reçus, et que c'est trop s'écarter
de la nature que d'abandonner, dès les premiers
pas, le principe même que l'on donne pour le
fondement de l'Art, voici ce que j'aurais à
répondre.

Exiger que tous les sons de l'Échelle musicale
soient tirés immédiatement des produits de la
résonnance, c'est reconnaître l'empire de l'Harmonie ; et si l'on veut que celle-ci donne la loi,
on doit trouver raisonnable de lui soumettre les
sons de l'Échelle, de les subordonner aux rapports qu'exige l'Harmonie qui doit leur être appliquée, et de les faire rentrer dans un système
de résonnance conforme au modèle sensible que
la nature nous a donné. Or c'est précisément
là ce que fait la modification de quelques-uns
des produits du Monocorde. Cette première
espèce de tempérament a pour objet de ménager

tellement les relations, qu'il en résulte la faculté de lier les sons dont il s'agit à tous les Accords qui les réclament, dans les proportions indiquées par la nature elle-même, et celle non moins importante de l'entrelacement des Modes. D'ailleurs l'Échelle pratique doit être composée de sons dont la justesse soit facile à établir et à constater par le moyen des premières consonnances d'octave, de quinte, de quarte et de tierce, et dont l'intonation aisée porte sur les mêmes intervalles qu'emploie l'Harmonie. L'oreille se prête d'autant plus volontiers à une légère tolérance, d'où résulte à la fois une grande simplicité de plus dans l'ensemble du système et une source de variétés et de beautés du premier ordre, que, sans illusion, comme l'observe judicieusement M. Chladni, il n'y aurait point de musique. Si ces observations ne sont pas décisives, il faut renoncer à toute alliance des Arts et de la philosophie.

L'échelle diatonique

*Ut, re, mi, fa*,......... *sol*... *la*.......... *si ut*
8,   9,   10,  $10\frac{2}{3}$ ou $10\frac{4}{5}$,  11, 12, 13, $13\frac{1}{3}$ ou $13\frac{1}{2}$, 14, 15, 16

a, comme l'on voit, la plus grande partie de ses degrés coïncidans avec les produits de la résonnance du son fondamental, qui les contient tous, à l'exception de deux, *fa* et *la*; et ceux-ci rentrent dans le même principe par la manière dont ils sont employés; leur introduction est assez justifiée par le raisonnement qui précède.

Ajoutons que les divisions du Monocorde, selon les proportions indiquées par la génération harmonique, donnent immédiatement tous les degrés de l'Échelle. Il est d'abord digne de remarque que, dans les cinq premières divisions indiquées par les nombres

$$\frac{1}{2}, \ \frac{1}{3}, \ \frac{1}{4}, \ \frac{1}{5}, \ \frac{1}{6},$$

les restes successifs du Monocorde donnent précisément les cinq consonnances directes, puisqu'il en résulte les fractions

$$\frac{1}{2}, \ \frac{2}{3}, \ \frac{3}{4}, \ \frac{4}{5}, \ \frac{5}{6},$$

qui sont, relativement à la même Tonique, l'*octave*, la *quinte*, la *quarte*, la *tierce majeure* et la *tierce mineure*; c'est-à-dire, *ut*, *sol*, *fa*, *mi*, *mi*$^b$. Si l'on prend ensuite la partie $\frac{2}{5}$, qui est l'octave grave de la quatrième consonnance, il reste $\frac{3}{5}$ qui est précisément la sixte majeure de la Tonique, ou le *la* de la gamme naturelle. Ainsi le *fa* et le *la* se déduisent sans effort, par cette voie, de deux des produits immédiats de la génération harmonique elle-même.

Si après avoir reproché au Monocorde de ne

pas

pas fournir assez de choses, on l'accusait maintenant d'en trop donner, c'est-à-dire, si l'on voulait actuellement nous opposer la multitude des produits de la résonnance harmonique, et que l'on prétendît que n'y ayant aucune raison de s'arrêter à un degré quelconque de la progression, il faut tenir compte de tous ses termes, ce qui conduirait à un véritable chaos; cette objection serait peu sensée, et il suffirait peut-être de rappeler ce que j'ai dit là-dessus dans ma Lettre à M. Villoteau touchant les raisonnemens de l'Abbé Roussier. On peut nier la mineure, et il est trop absurde, en effet, d'alléguer qu'un Art quelconque soit obligé d'employer tout ce que la nature a fait. Au surplus, je hasarderai, si l'on veut, les vues suivantes.

Je croirais volontiers qu'un son est d'autant plus net et plus appréciable, que le nombre de ses harmoniques sensibles est plus petit; que si les sons très-graves sont si difficiles à apprécier, c'est à cause de la résonnance perceptible d'un plus grand nombre de sons simultanés qui surcharge la sensation, la trouble et lui donne une sorte d'incertitude; tandis qu'à mesure qu'on s'élève, les harmoniques les plus aigus cessent d'être entendus, et laissent dominer davantage le son fondamental, qui lui-même ayant une plus grande intensité, se prononce avec plus de force. Aussi les sons aigus sont-ils ceux dont nous reconnaissons plus aisément la justesse, attendu la presque-nullité des harmoniques éloignés; mais, d'un autre côté, ils ont quelque chose de plus dur et de plus aride, qui les rend d'autant moins flatteurs, qu'ils sont plus aigus. C'est un fait reconnu que les sons les plus arrondis, les plus moelleux, les plus doux, sont ceux qui tiennent un juste milieu entre le grave et l'aigu.

Si ces aperçus sont justes, il en résulterait que c'est dans une espèce de *medium*, mieux en rapport avec les facultés bornées de nos organes, qu'il faudrait chercher le son radical, une sorte de modèle des sons musicaux, dont l'analyse puisse être propre à fournir les véritables élémens de l'Art. Or des expériences multipliées m'ont paru démontrer que ce son devrait être le *la* grave du Violon, ou la *Proslambanomène* des Grecs, qui était le son le plus grave de leur Diagramme et la base fondamentale de leur système *immuable* et *parfait*. Les harmoniques de ce son plus élevés que le seizième de la corde, deviennent tellement aigus et faibles, qu'ils sont totalement dominés et effacés par le son fondamental et par ses harmoniques les plus graves. Les sons supérieurs à ce *la*, ont leurs harmoniques aigus d'autant plus ténus, qu'on s'élève davantage dans l'Échelle. Et si, d'une autre part, on descend au-dessous du même *la*, on ne tarde pas d'arriver à des sons graves qui n'ayant plus d'unisson dans la voix humaine, ne pourraient, sans s'écarter du véritable objet de la Musique, prétendre à la qualité de sons régulateurs et fondamentaux, et servir de base à l'analyse dont nous avons parlé. D'ailleurs, lors même que parmi ces sons on en trouverait encore de très-beaux et de très-appréciables, dont les harmoniques isolés et sensibles s'élèveraient de plusieurs degrés au-dessus de celui qui correspond au seizième de la corde, cela ne prouverait rien contre le principe que je crois pouvoir établir; car, en ceci, il faut avoir principalement égard aux sons les plus usités en Musique, à ceux qui frappent le plus souvent l'oreille et dont elle est habituellement préoccupée. Or il est aisé de voir que le très-grand nombre de ces sons est au-dessus du *la* dont il s'agit; qu'ainsi le nombre de leurs harmoniques appréciables se trouve nécessairement inférieur aux seize premiers : toute l'étendue ordinaire de la voix humaine, celle du Violon et de la plupart des Instrumens qui dominent dans une musique quelconque, sont plus élevées que ce degré. Les sons des Instrumens graves qui viennent au-dessous, ne remplissent le plus souvent, dans

5..

l'harmonie, d'autre fonction que celle de constater la nature des Accords, et de rattacher les
parties supérieures à un ensemble commun,
dont ils établissent la marche et la régularité.
On ne supporterait pas long-tems une musique
dont tout le récit se trouverait exclusivement
dans les parties les plus graves de l'harmonie:
il n'en résulterait qu'un bourdonnement sourd
et importun.

Le son d'une corde vibrante donne donc tous
les élémens d'une mélodie susceptible de la plus
grande variété; il fournit, en outre, non seulement le modèle de tous les Accords consonnans,
mais encore celui des Accords suspensifs, sauf
une légère différence avouée par l'oreille; la
nature nous indique de plus, dans le même phénomène, le principe général des salvations,
comme l'a démontré l'Abbé Feytou : que pouvait-elle faire de plus pour dicter toutes les lois
de la Mélodie et d'une Harmonie régulière ?
Ainsi le fondement de l'Art serait établi. C'est
ici que je dois m'arrêter, n'ayant point entrepris
d'entrer dans le détail des conséquences. Quelques
applications intéressantes ont déjà été indiquées,
et je renvoie pour cet objet à l'Article *Basse
Fondamentale* de l'Abbé Feytou, dans la nouvelle
Encyclopédie , où l'on trouvera des résultats
remarquables dérivés de la génération harmo

...tique, considérée dans le Monocorde, et les explications savantes et profondes que l'auteur en a su tirer de la plupart des principes et des règles de l'Art.

Si maintenant nous partons des faits positifs dont les progrès de l'Acoustique nous ont donné connaissance, et que nous remontions jusqu'aux premiers Harmonistes, et notamment jusqu'aux inventeurs de l'Orgue, nous ne pourrons nous empêcher de nous demander, avec une sorte de surprise, par quel instinct secret ils ont été guidés dans les rapports qu'ils ont employés, par quel genre de révélation la nature leur a indiqué les sons qu'ils devaient combiner. Où ont-ils pris le modèle de cet *Accord parfait* qu'ils ont établi sur chaque touche du clavier de l'Orgue ? Comment se sont-ils conformés au principe de la Résonnance sans le connaître ? Qu'est-ce qui a suggéré à Ptolémée le rapport de la tierce majeure $\frac{4}{5}$, et celui de la tierce mineure $\frac{5}{6}$, qu'il a assignés à ces intervalles dans le diatonique intense ? Si ces proportions de Ptolémée sont celles des anciens Grecs (ce dont le contraire n'est point réellement démontré), combien ne serait-il pas étonnant que quelques découvertes des plus récentes dans les sciences exactes, vinssent nous replacer tout justement au même point que les philosophes d'une haute antiquité ? M. de la Salette cite ce passage d'Aristote : « Pourquoi » la résonnance d'un son est-elle plus aiguë » que ce son même ? » Ce qui lui paraît un vestige de la connaissance qu'auraient eue les anciens Grecs du fait de la Résonnance harmonieuse des corps ; et dès-lors, il faudrait encore les reconnaître pour nos maîtres sur ce point comme sur tant d'autres. Dans tous les cas, nous ne devons faire aucune difficulté de les regarder comme nos instituteurs en Musique ; car notre Musique, née au sein de l'Église Chrétienne, nous vient directement des Grecs, et plusieurs traits du chant de nos cantiques religieux sont des fragmens précieux des hymnes mêmes que les Grecs adressaient à leurs divinités.

Les considérations précédentes peuvent fournir quelque lumière sur la fameuse question de l'intonation la plus naturelle, et nous terminerons ce Mémoire par revenir un instant sur ce que nous avons déjà dit ailleurs là-dessus.

Pour résoudre cette question, on a recherché quelles étaient les intonations des anciens ; et de ce qu'on a cru voir que leur Diagramme dérivait de la progression triple, on a conclu que toute formule de chant devait être un produit de cette progression, et que les intonations fondées sur ce principe, étaient les seules naturelles à l'homme. Le vice de ce raisonnement est manifeste : une telle question ne peut être tranchée par de simples autorités historiques, qui sont sujettes elles - mêmes à contestation. J'aimerais mieux que l'on étudiât le chant des hommes qui n'auraient eu aucune relation avec les peuples policés, et dont on pourrait attribuer les intonations plutôt à l'instinct de la nature, qu'au pouvoir de l'habitude; et encore les résultats de quelques observations particulières de ce genre, ne pourraient-ils être regardés comme péremptoires.

Observons d'abord que l'oreille, sans cesse subordonnée à l'influence de la voix, reçoit d'elle ses impressions les plus habituelles ; la voix règne en maîtresse sur cet organe soumis à ses lois, et lui donne une disposition naturelle à préférer les sons qui ont le plus d'analogie avec ceux dont l'action exerce sur lui un continuel empire. Mais si la constitution physique de nos organes, en déterminant la nature de notre instinct musical, a décidé du choix que nous avons fait de nos Instrumens sonores, réciproquement il faudra convenir que ces Instrumens réagissant à leur tour sur nos organes, en ont dû maintenir et perpétuer les dispositions, en reproduisant les impressions données par la nature de leur résonnance. Je dis donc que les sons harmoniques qui accompagnent tous

les sons individuels dont nous sommes habituellement frappés, par l'emploi des Instrumens les
plus généralement usités; que ces sons harmoniques n'ont pu et ne peuvent rester sans influence sur nos organes, sur le sentiment qui
dirige les intonations, sur la nature des intervalles, dictés en quelque façon à l'oreille, et
par conséquent sur la formation des Échelles
diatoniques pratiques. N'est-il pas plus sensé de
chercher dans l'action constante de ces causes,
les lois de la nature elle-même, plutôt que dans
certaines relations abstraites tirées de quelques
vaines considérations métaphysiques, qui ne sont
que l'ouvrage de l'esprit, et où le sentiment
n'est compté pour rien?

Supposons qu'il s'agisse d'entonner successivement les deux sons *ut*, *mi*; si l'on considère
ce dernier comme engendré par la progression
triple, il aura pour expression numérique 81,
comme quatrième douzième à la suite de l'*ut*
fondamental pris pour unité; celui-ci étant rap-
proché du *mi* de six octaves, ils forment ensemble
l'intervalle 64, 81. Or la résonnance physique
de l'*ut* entraîne celle d'un *mi* 80; et l'on peut
dire, sans qu'il y ait là aucun préjugé, que
l'oreille est déjà disposée à la sensation de ce
*mi*, dont l'*ut* lui a donné, en quelque sorte, le
sentiment; au lieu qu'il n'est nullement raison-

nable de penser que le sentiment d'une quatrième
douzième, que rien ne détermine d'avance, soit
assez fort pour lier à la sensation de l'*ut*, celle
du *mi* 81 , y ayant ici quatre générations con-
sécutives dont il est impossible à l'oreille de
se rendre compte. Dans le premier cas, il y a
sensation immédiate du *mi* dans celle de l'*ut*;
et dans le second, il n'y a qu'une relation abs-
traite et éloignée que l'esprit seul peut apercevoir, et dont le résultat est combattu par le
sentiment actuel qui naît de la résonnance, et
qui repousse celui d'un produit sans analogie
avec elle. Comment n'a-t-on pas vu que des
oreilles sans cesse frappées de l'Accord naturel
qui existe dans la résonnance harmonieuse des
sons individuels des Instrumens, comme de la
voix humaine, ont dû de tout tems avoir le
sentiment implicite de la tierce majeure $\frac{4}{5}$, réplique de la dix-septième, qui est si souvent
perceptible dans les sons soutenus, et qu'ainsi
toute préparée à l'intonation de cette tierce,
l'oreille devait se refuser à celle d'un son étranger devenu incompatible avec elle?

Qu'on réfléchisse un instant sur l'influence
constante que doit exercer sur l'organe musical,
le fait de la Résonnance, quant aux harmoniques
les plus graves et les plus intenses, et l'on sen-
tira que, de tout tems, ils ont dû décider des

Intervalles les plus naturels de l'intonation, et qu'ainsi la question semblerait résolue. Si l'Abbé Roussier, moins préoccupé contre le principe de la Résonnance, auquel il ne voulait-pas croire, s'était déterminé de bonne foi à s'instruire des faits, au lieu de circuler perpétuellement autour des nombres 2 et 3, comment sa prévention systématique en faveur de la progression triple n'aurait-elle pas cédé à la puissance de cette démonstration?

On conçoit qu'un Diagramme entièrement déduit de cette progression, ne présente qu'une suite de sons indépendans, ne tenant à aucun système commun, n'ayant entr'eux aucune liaison directe fondée sur la sensation, et étrangers à toute réminiscence; que ces sons étant rendus librement par les cordes harmonieuses d'un Instrument, manifesteraient à l'oreille, dans certaines transitions, l'incohérence, l'opposition même qui résulterait de leur nature respective et intrinsèque; telle serait en particulier, la résonnance successive des cordes *ut* 64, et *mi* 81; qu'en conséquence, il est peu vraisemblable que la progression triple ait été en effet le principe fondamental, primitif et unique de toute la Musique des anciens, et spécialement de celle des Grecs, qui avaient une si grande délicatesse d'organes.

Ce n'est pas que je regarde comme impossible l'intonation de la tierce *ut* 64, *mi* 81 ; je ne prétends point que la voix ne puisse se plier à tous les intervalles, et que l'art surtout ne parvienne à nous familiariser avec toutes sortes de degrés, comme le prouve l'expérience de quelques peuples tant anciens que modernes (1) ; je parle seulement ici, non de ce que l'art peut faire, mais du premier mouvement de la nature, de l'intonation déterminée par l'instinct primitif et de l'établissement des degrés fondamentaux de l'Échelle diatonique. Je ne pense pas non plus que la loi radicale indiquée par la nature exclue nécessairement tout autre système musical que celui des modernes universellement reçu en Eu-

---

(1) Nous apprenons, dans le savant Ouvrage de M. Villoteau sur l'*État actuel de la Musique des Égyptiens*, qui fait partie de la grande et belle collection des Mémoires sur l'Égypte, que les Arabes pratiquent des *tiers de ton*, et que cet intervalle est même fixé sur quelques Instrumens à touches. J'ai rapporté, dans le *Magasin Encyclopédique*, au sujet des intervalles qui ne sont que les effets de l'Art, un passage tiré des Extraits donnés par M. Villoteau, d'un Traité anonyme de la Musique Arabe. *Voyez* l'Ouvrage de M. Villoteau, *Première Partie*, Chap. I, Art. 6.

rope; car je suis bien éloigné de croire que notre système soit le plus parfait, et que le principe de la Résonnance ne puisse se concilier avec d'autres Diagrammes totalement différens de notre Gamme actuelle.

Je crois avoir rempli l'objet de ce Mémoire. Je pense même que les considérations que je viens d'exposer suffisent pour démontrer aux yeux de tout homme sans prévention et indépendant de tout système, que les corps sonores de matière rigide et à ressort naturel ne peuvent être mis au nombre des Instrumens musicaux proprement dits, comme ayant une constitution physique totalement étrangère à celle de nos organes; que, s'il faut chercher dans quelques-uns des phénomènes sonores de la nature, les élémens physiques de l'Art Musical, c'est aux sons des corps flexibles et des Instrumens à vent qu'il faut recourir, les seuls qui soient soumis à une loi physique constante et uniforme, les seuls dont l'harmonie invariable s'accorde avec notre constitution organique, les seuls en effet qui aient une analogie directe avec les sons de la voix humaine, les seuls qui puissent donner à l'organe auditif des impressions assorties à son économie, des ordres de vibrations qu'il puisse exécuter sans effort; les seuls enfin qui soient universellement goûtés ; et, en dernier résultat, que si le système des sons musicaux doit être régi par quelque loi numérique, cette loi doit être celle qui règne dans les oscillations des corps flexibles et des tuyaux sonores : en deux mots, que les matériaux physiques de l'Art Musical résident dans le Monocorde, et que la base naturelle de l'Harmonie est dans la suite des nombres primitifs 1, 2, 3, 4, 5, 6, etc.

C'est bien en vain que l'on m'objecterait la destination de l'oreille à recevoir l'impression de tous les sons qui peuvent avoir lieu dans la nature, et que l'on prétendrait en inférer qu'il ne faut exclure du domaine de l'Art aucun corps susceptible de donner des sons appréciables. Il y a, si je ne me trompe, dans les observations de ce Mémoire, de quoi répondre sans réplique à cette objection : j'ajouterai, s'il le faut, qu'il y aurait une grande erreur à confondre les sons ou bruits quelconques, qui ne sont pour nous que des accidens indépendans de notre volonté, qui n'affectent que passagèrement l'oreille, comme genres d'avertissemens qui peuvent intéresser notre conservation, et qui n'ont pas d'autre destination envers nous, à les confondre, dis-je, avec un système de sons choisis à dessein pour charmer l'oreille, qui doivent arriver par elle jusqu'à l'ame, et qui doivent caresser l'organe, au lieu de l'ébranler avec violence, ou de le fatiguer par une agitation pénible. La Musique n'est la langue du sentiment, que parce qu'elle imite ou nous rappelle le chant des êtres animés et doués de sensibilité. Sans les organes du chant, il n'y aurait jamais eu de Musique, ou du moins elle serait inintelligible pour nous. Le fondement de la Musique ne peut donc se trouver ailleurs que dans ces organes, ou dans les corps artificiels qui ont avec eux une véritable analogie. Or les sons de la voix humaine et ceux des Instrumens qui, de tout tems, ont dominé dans la Musique de tous les peuples, étant des sons complexes qui ont toujours donné la sensation implicite des premiers harmoniques du son fondamental, il s'ensuit bien évidemment que l'oreille a toujours dû être préoccupée de l'harmonie qui résulte des corps flexibles ou des Instrumens à vent, que cette harmonie est ainsi la seule naturelle à l'homme, et que le système de nos Accords fondamentaux a une base très-réelle dans la nature. Je prie le lecteur de vouloir bien peser attentivement ces observations, qui me paraissent jeter un grand jour sur la question des élémens naturels de la Musique.

Ce Mémoire était suivi d'une Dissertation sur divers systèmes d'écriture musicale. Mais comme ce dernier morceau n'a aucune liaison nécessaire avec les matières qui précèdent, je le réserve pour une autre circonstance.

**FIN.**